essays on
Environmental Architecture
towards a new modern architecture

環境建築私論

近代建築の先へ

小泉雅生
Masao Koizumi

建築技術

01 プロローグ

進化のパラダイムシフト

二一世紀に入り、「環境」というキーワードが、広くいろいろな場面で取り上げられるようになった。関連して「サステナブル」という言葉もよく用いられる。持続可能性と訳される。建築分野でも、公共工事のプロポーザルコンペでは、必ずといっていいほど環境に関する記述が求められる。レム・コールハースは、「快適性、安全性、サステナビリティ」が「自由、平等、友愛」にとって替わる新たな三原則となっていると指摘をしている。※1 なぜ、環境とかサステナビリティという概念が重要だとされるのだろうか。

技術史を論じるのが本書の趣旨ではないので大ぐくりに言ってしまうと、私たちの現在の生活を支える技術の多くは、一九世紀に開発され二〇世紀に広く普及したものである。移動のための手段である自動車やエレベータが一般に広まり、水平方向にも垂直方向にも人間の活動の範囲が大きく拡がった。環境制御に関わる照明器具や空調設備が普及し、自在に環境を制御する術を得、その結果として、地理にも時間にも左右されずに一定の室内

※1 『S・M・L・XL』レム・コールハース著 010 Publishers 一九九五年

環境を確保できるようになり、プロダクティビティは一気に高められた。さらに、それらを稼働させるためのエネルギー供給を行うインフラが整備され、いつでも気軽にそれらの技術の恩恵に与かることができるようになった。こういった技術の普及に伴い、さまざまな制約の下で生活を組み立てざるを得なかった従来に比べれば、圧倒的な自由度が獲得されたのである。二〇世紀に入り、私たちの生活はそれまでと大きく様相を違えた。こうして得られた新たな自由な生活様式は、「近代的」な生活と称されることとなった。

そもそも人間には、程度の差こそあれ、昨日より今日、今日より明日を改善していこうという進化への欲求がある。人間の習性といってもいいだろう。それに基づき、太古より、より快適な生活を実現するためにさまざまな技術が開発されてきた。それは、生活の向上とともに経済発展へと結び付く。これまで疑うことなく、その路線がたどられてきた。そして、一九〜二〇世紀になって、その勢いは急激に加速した。

しかし、二〇世紀の後半になると、その急激な加速の裏側で、公害や大気汚染といった現象が社会問題として浮かび上がってきた。六〇年代にはR・カーソンの『沈黙の春』[※2]が著され、新たな技術によってもたらされる弊害が指摘された。七〇年代にはオイルショックという経済的な側面がきっかけではあったが、省エネルギーという概念が広まった。さらに、九〇年代には京都議定書が取り交わされ、温室効果ガスの影響が広く議論されるようになった。今まで私たちがたどってきた路線は、莫大な資源の消費を伴い、甚大な周囲への負担を強いるものだった。そのような影響を及ぼす「近代的な生活」を、果たして絶対的な方向性といっていいのだろうか。

どうも、人類の進化は周囲への負荷を増やしていくようである。進化・発展を望む人間の性と欲は、そのままでは地球上で生を受けた生物種としてのあるべき立ち居振る舞いと

※2　『沈黙の春』
レイチェル・カーソン著
新潮社、一九七四年

相容れない。七〇年代にはE・F・シューマッハーが『スモール イズ ビューティフル――人間中心の経済学』[※3]というエッセイ集で、ひたすらに経済発展を目指すことへの疑義を呈したが、その後の推移をみるに私たちは多くを学ぶことはなかったのだろう。二一世紀を迎え、この人間の習い性となっている「進化・発展」の新しい形を模索しなければならない。周囲にできるだけ負荷をかけない、周辺との調和を図った進化・発展という形にシフトしようというのが、今、盛んに取り上げられる環境問題の本質なのではないか。

最近では、国連によってSDGs (Sustainable Development Goals) というキャッチフレーズが掲げられる。Development――開発、発達、成長――という拡大系の概念と、Sustainable――持続可能であることとは、一見すると相反しているように思われる。そこを、あえて紐付けていこうという主張が込められているのだろう。また、収益性を最優先するような金融の分野においても、ESG投資と呼ばれるEnvironment, Social, Governanceといった要素を考慮した企業投資が注目されるようになった。

ただひたすらに生活の自由度を上げ、拡大開発、収益追求をするのではなく、今までとは異なる、負荷を増やさない進化の形を探る必要がある。大げさに言えば、人類にとっての大きな転換期――パラダイムシフトが求められているのである。

そのキーワードが〝環境〟なのである。

「近代」を超える手がかりとしての環境

建築分野における「近代建築」は、一般的な近代とは別の意味合いを持つ。二〇世紀初頭に起きた、旧来の建築を刷新していこうとするムーブメントに対して、「近代建築運動」

※3 『スモール イズ ビューティフル』エルンスト・F・シューマッハー著 講談社学術文庫、一九八六年

という用語が用いられる。因習にとらわれた様式建築と訣別し、合理主義や機能主義に基づいた平面計画や動線計画、無駄のないシンプルな外観が追い求められた。その行き着いた先は、インターナショナルスタイルと呼ばれるどこにあっても成立する建築や、ユニバーサル・スペースと呼ばれるいかようにも使われる空間であり、それらは「近代建築」と総称された。

インターナショナルでユニバーサルな建築の考え方は、二〇世紀を通じた経済の拡大基調とも重なり、世界中に一気に広まった。しかし、急激に広まるにつれ、近代建築というムーブメントに対するさまざまな批判も行われるようになった。リージョナリズムという観点からは地域性の復活が唱えられ、建築家である原広司はユニバーサル・スペースの限界を「機能から様相へ」[※4]と謳った。そして二〇世紀の終盤には、よりストレートに「近代建築」以降を模索するポストモダン建築というムーブメントが起きた。しかし、近代合理精神への疑義を唱えたポストモダンという動きは、歴史参照や折衷主義へとつながり、表層的な形態や色彩などの変化に収斂してしまった。ポストモダンは、建築における一過性のスタイル―様式に留まったのである。

科学技術が花開いた二〇世紀において、私たちの生活は「近代化」され、大きく姿を変えた。「近代」を見直すにあたっては、「近代建築」が目指した様式を否定するだけでなく、「近代化」がはらんでいた課題を広く丁寧に検証していくべきだったのではないだろうか。近代建築の中で繰り広げられる近代的な生活の見直し、という視座は抜け落ちていた。また、「近代建築」という様式の裏側には、新しい素材や工法といった技術革新があった。近代建築の背景となった技術とそれが生み出した建築の形、そこで繰り広げられる生活を併せて再考していくべきなのではないか。

※4 「空間〈機能から様相へ〉」原 広司著 岩波書店、一九八七年

「環境」というキーワードは、先に述べたように近代化された生活やその背景にある技術を見直す糸口となる。したがって、環境というキーワードのもとでの近代建築の見直しは、一過性のスタイルとなってはならない。形や色だけの話ではなく、平面計画やファサードの構成、材料・工法、さらにはその中での人の振る舞いにまで影響が及ぶ。建築学においては「環境工学」と呼ばれる分野があり、室内外の物理的な環境が取り扱われる。アカデミックな領域では、同じ「環境」という単語が含まれるせいか、「環境」は環境工学分野が取り扱うものとして認識されている。本来「環境」というテーマが扱うべき分野は、横断的で多岐にわたる。一分野の枠内に収まるはずがない。建築においては、「環境」という概念がずいぶんと矮小化されてしまっているのではないか。

そこで、環境という言葉をキーに、社会の中での建築のあり方、建築デザインの可能性を、広く考えてみようというのが、本書の狙いである。

建築はどこへ向かおうとしているのか。あるいは向かうべきなのだろうか。環境という視点から、建築の行く末を考えてみたい。

環境建築私論、近代建築の先へ

目次

02

内部構造から外部環境へ

鉄とガラスとコンクリート

近代建築を代表する建築として、ミース・ファン・デル・ローエのファンズワース邸とル・コルビュジエのユニテ・ダビタシオンを挙げることができる。ファンズワース邸はシンプルなスチールフレームとガラスのクラディングで出来た建物である。鉄骨の構造体は、アウトフレームとして外部に露出され、その軽やかさを強調するかのように白く塗られ、木立の中にオブジェのように浮かび上がっている。床から天井まで至る大判ガラスは、建築の内・外の空気を区切りつつも視線を透過し、その存在感を見事なまでに消し去っている。一方、ル・コルビュジエのユニテ・ダビタシオンは、マッシブなコンクリート柱によって高層の板状住棟がピロティ状に持ち上げられた建築である。住戸ユニットの積層した巨大なコンクリートの塊が宙に持ち上げられ、あたかも屏風のようにそそり立つ。周囲を圧倒するかのような存在感を醸し出している。

近代建築というムーブメントを代表するこれらの建築は、二〇世紀を通じて広く普及す

fig1　ファンズワース邸、1951 年

fig2　ユニテ・ダビタシオン
マルセイユ、1952 年

ることとなった鉄、ガラス、コンクリートといった素材を、建築デザインに活かしたものであった。強度のある鉄によってスレンダーな構造体が可能となり、大判で透過性の高いガラスのクラディングは構造体のスレンダーさを際立たせるのに、大きな役割を果たしている。一方、コンクリートは量塊のあるマッスを自在に作り出すことへと結び付いた。新しい建材によって、建築表現の可能性が大きく拡がったのである。すなわち、二〇世紀に起こった近代建築の背景には、鉄・ガラス・コンクリートといった新しい素材の普及があった。近代建築におけるデザインの主題の一つは、新たに普及したこれらの素材を用いて、どのように建築を構築するのか、あるいはどのような建築を構想できるのか、ということにあったといえよう。

工業化

もう一つの二〇世紀の建築に大きな影響を与えた概念として、「工業化」が挙げられる。建築を構成する各種の建材を工場で生産し組み立て、ユニット化して現場に搬入する、というものである。第二次世界大戦後、建物の大量建設を契機に、さまざまなレベルでの工業化が推し進められた。建築を構成する室そのものをユニット化する大がかりのものから、外壁パネルやユニットバスのように建材や住設機器をユニット化する小規模のものまで、さまざまなレベルがある。行き着いた形が、いわゆるプレファブ建築である。

その背景には、建築を大量に、そして効率よく作っていくこと、すなわち生産の合理性を追求することがあった。天候などの屋外環境に左右される現場での作業を極力減らし、工場での作業の比率を高めていくことが、品質確保、コスト削減という観点から、合理的とされたのである。

モシェ・サフディが設計を行ったアビタ67は、ユニット化された住戸を積み木のようにずらしながら積み上げた集合住宅である。個に対応した箱がランダムに積層し、中南米の不法占拠の集落を連想させるかのような独特の外観を呈している。建設にあたっては、まず、PCユニットの製作工場を敷地内に作り、そこでできたユニットを順次クレーンで吊り上げていったという。規格化されたユニットを組み合わせていく中で導き出された、独特の建築形式といえよう。

工業化された建築というと、多くの人々は工事現場の作業事務所やプレファブ校舎のような無機的で特殊な建築のあり様を思い浮かべ、あまり自分の日常生活には関係ないと思っているだろう。しかし、実は、現在建設されるほとんどの建築は多かれ少なかれ工業化の恩恵を被っている。工業化とは無縁のような在来工法の木造注文住宅であっても、現在では軸組部材はプレカット工場で機械加工されているのが一般的である。下地合板まで切断加工されてくることもある。もはや、大工が下小屋で墨付けや刻みをする時代ではない。外（工場）で加工された部品（パーツ）が現場に搬入され、いわば、組立式のプラモデルのように、建築がつくられるのである。設計者も施工者も工業化を前提とした建築へと移行し、設計図面には建材メーカーのカタログから転記された品番がずらりと並び、現場ではそれらのパーツをビスで取り付けていく乾式工法が好まれる。戸建て住宅からオフィスビルまで、工業化された建材やパーツを用いるのは当然のこととなっている。

fig3　アビタ67、1967年

fig4　カラカスの不法占拠の集落

Plastic-model house

プラモデル住宅

1995 年
小泉雅生CシーラカンスR

この「プラモデル住宅」と名付けた住宅では、1 階の階高を既製のアルミサッシの最大寸法で決定し、2 階の階高は、南側を鋼板サンドイッチパネルを 4 枚、北側は 3 枚横貼りにして、その間を片流れ屋根で繋ぐという形で構成している。1 階の外壁は、板状の発泡断熱材を大判の複層ガラス板と中空ポリカーボネートシートでサンドイッチしてパネル化し、木造の軸組に外付けしたものである。隣接建物が迫っている敷地条件の下で、採光を確保すると同時に断熱性能と目隠し機能とを付与している。2 階では鋼板サンドイッチパネルを現しとして、そのまま内外の仕上げとしている。木造軸組部は、パネル寸法に合わせて 1.8 m もしくは 0.9 m モデュールの単純なフレームとなっている。

つまり、この住宅は、プラモデルを組み立てるかのごとく、既製部材・建材をアセンブルしていくことで、出来上がっている。建物の外形も、即物的にそのモデュールから導き出されたものである。結果として、工期、工費の圧縮へとつながることが目指されている。郊外の戸建て住宅地に建つ「普通」の住宅のあり方として、汎用部材の組合せによって「合理的に」建物を構築することを模索した結果といえよう。

In this house named "Plastic-model house", the height of the first floor is fixed according to the maximum size of ready-made aluminum sash, and the height of the shed roof of the second floor is fixed according to the size of quadruple horizontal steel sandwich panels at the south, triple at the north. Foam insulation panels sandwiched between a large-size double layered glass and a hollow polycarbonate sheet externally attached to a wooden frame are used for the outer walls of the first floor. Under the site condition with close adjacent building, these panels secure natural lighting and provide heat insulation performance and blindfold function by themselves. Steel sandwich panels are used for the wall of the second floor. Both sides of the panels are uncovered so that they can be the inner and outer finishing. Wooden frames are modularized into simple frame of 1.8m or 0.9m according to the size of the panels noted above.

In other words, this house is constructed by assembling ready-made building parts or materials as if assembling a plastic model. The outer shape of the building also derives practically from the module of them. As a result, shortening the construction time and reducing the construction cost is aimed. It can be said that this is the result of seeking to construct a "rational" building by combining non-specialized materials as a way of "ordinary" housing to be built in a detached residential area in suburbs.

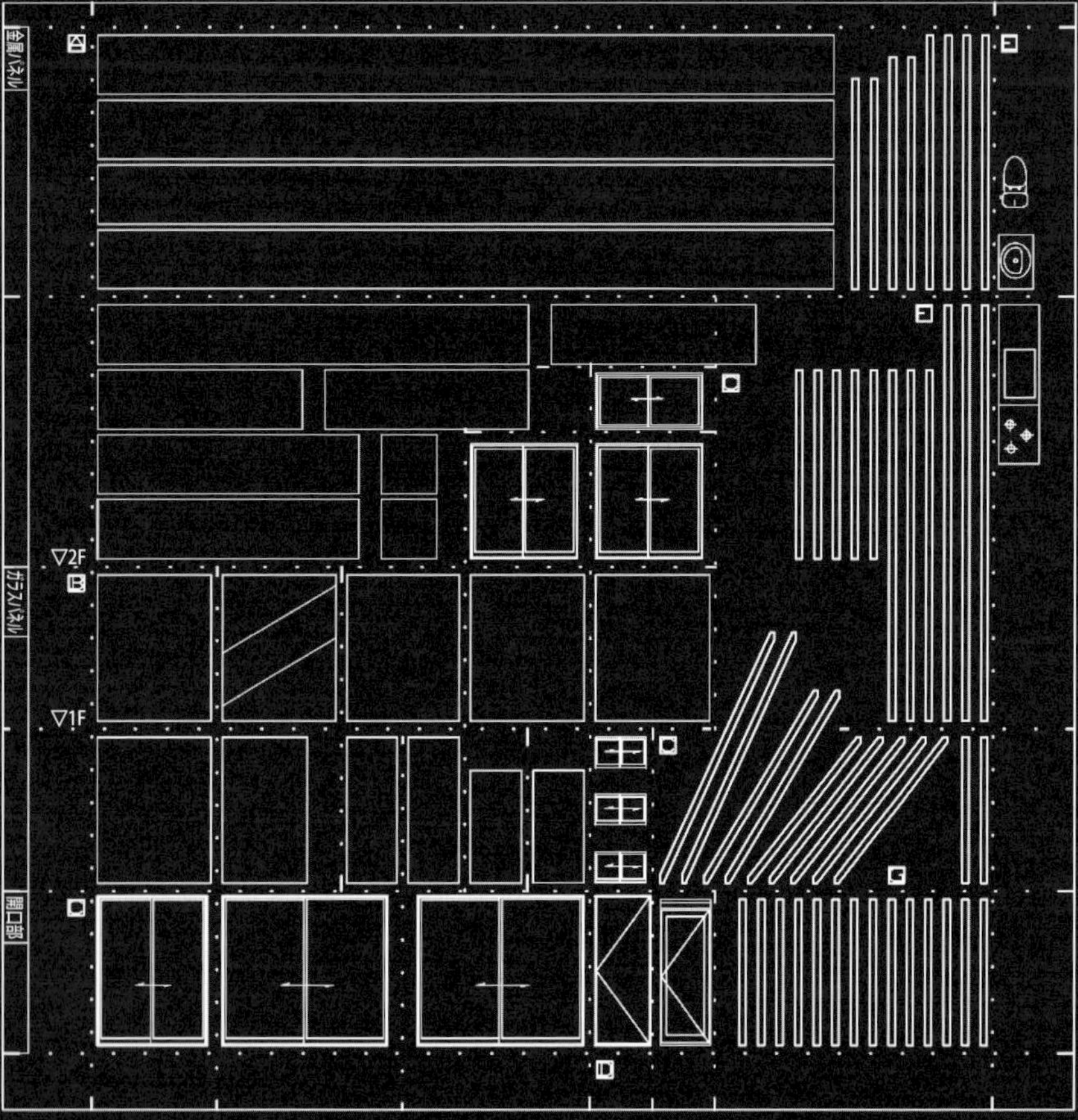

パーツ一覧

南東面外観

ガラスパネルの壁面

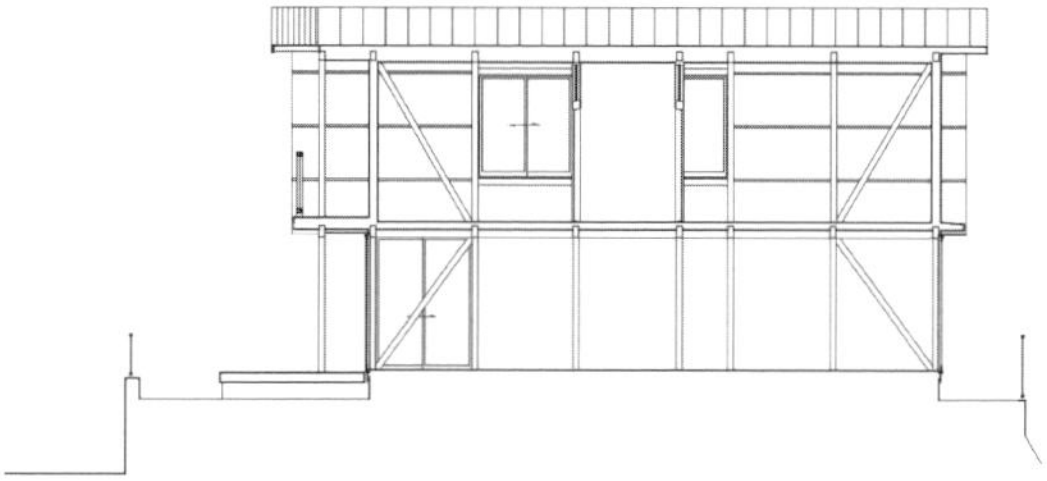

断面図　S=1：250

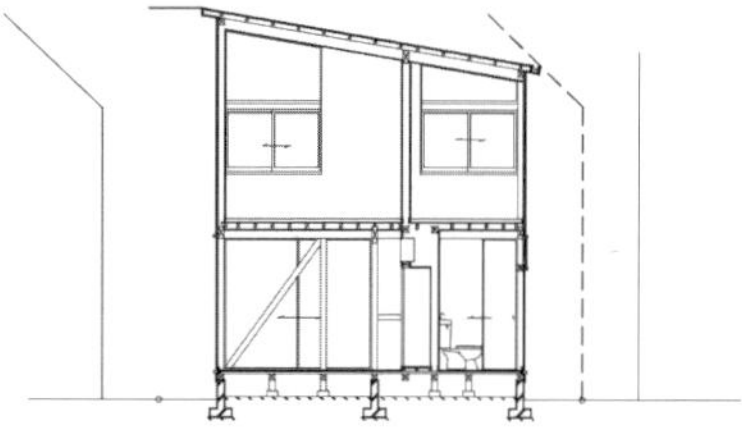

断面図　S=1：250

内部構造から展開する建築デザイン

ここまで述べてきた、鉄・ガラス・コンクリートなどの新しい材料の普及、そして建材や住設機器の工業化という二〇世紀の建築を特徴付ける二つの方向性は、いずれも建築の構成方法、つまり「作り方」に関わっている。建築という箱を作るにあたっての技術面、産業面でのイノベーションがあり、そこから建築デザインの可能性が導き出されたものである。鉄・ガラス・コンクリートという新しい素材を背景に、箱をどのように合理的に作っていくかが、二〇世紀の建築の大きなテーマであったといえるのではないか。

「作り方」からデザインが導き出されるということから、建築家の関心は、それらの素材や建材をどのように組み合わせていくのかという、建築の構造や構法などの分野に向かう。建築の構造体や構成の仕方そのものが、重要なデザイン対象としてクローズアップされたのである。事実、アカデミックな分野においても、その動きと連動して、構造・構法といった学問分野が隆盛を極めた。

ここで、このような形で展開するデザインプロセスを「建築の内部構造から展開するデザイン」と呼ぶこととしたい。箱を物理的に成り立たせることに関わるという意味で、「構造」に主眼が置かれたデザインの志向であるといえよう。また、建築を構成するエレメント（要素、部材）によって触発されるデザインであることから、デザイン展開のリソースは建築という分野の「内部」に起因している。ここで「構造」と「　」付きで記したのは、狭義の意味合いでの構造力学や構造躯体を指し示すのではなく、建築という箱を成立させる構成や骨格といった広義の意味合いで用いているためである。同様に、「内部」というのは、室内空間を示すということではなく、建築という分野に内蔵・内包されているという意味合いで用いている。単純化してしまえば、二〇世紀における近代建築とは、建築という箱をいかに作るかという、「内部構造」に根ざしたデザインであった。

建築の内部構造からデザインが導き出されるということは、デザイン決定のロジックが建築の側にあるということでもある。自律的なデザイン決定プロセスといってもいいだろう。つまり、外在する他の要因に左右されるのではなく、あくまで建築の内的な要因によってデザインが決定される。

この内部構造に根ざしたデザインは、近代建築のテーゼの一つであったユニバーサリティと相性がいい。同じ外力条件であり、同じ物性の素材を使う限り、合理的な箱の形は同じになるはずである。合理的な箱の作り方を追求していけば、どこでも適用可能な、同じユニバーサルな建築の姿へと導かれていく。逆に、世界中に同じスタイルの建築を敷衍させるための裏付けとして、合理的な箱の作り方に依ることが謳われた部分もあるだろう。内部構造から展開する建築デザインは、周辺状況に左右されないユニバーサルな建築をプロモートするのに都合がよかった。そして、作る側の都合だけを考えた建築と建築学が、近代建築として世界中を席巻することとなったのである。

内部構造から外部環境へ

確かに、作る側の論理に依れば、物性が同じなら同じ箱の形が導き出されるはずである。しかし、その箱が置かれる周辺環境や周囲の状況はおのおの異なる。果たして、さまざまな気候風土や文化の違いがある中で、同じ形式のユニバーサルな建築が本当に広く展開することになるのだろうか。そこに無理はないのだろうか。

作り方に特化したデザインプロセスでは、周辺環境との関係によって「箱」のあるべき姿や性能を問い直すという姿勢にはつながらない。たとえば、オートメーション化された工場で生産される自動車は、若干の違いはあるものの世界のどこでもほぼ同じ規格となる。周辺環境の差異が性能に反映されるわけではない。そもそも車は世界各地に広く輸出されるし、車そのものが移動してしまうので、場所性や地域性を持たせようとしても無理がある。一方、建築は、一般的には移動することがかなわない。周辺環境との応答性を考えることは、自然だし当たり前のことなのではないか。実は、車のユニバーサリティは莫大なエネルギーを消費することで成り立っている。[※1] 果たして建築においても、車と同じようなユニバーサリティを求められる(べき)のだろうか。本来ならば、箱の形を決めるにあたって、周辺状況から受ける影響や箱が周囲に与えるだろうインパクトを総合的に検証してみる必要があるのではないか。このような箱と周辺環境との相互関係からデザインを方向付けていくデザインプロセスを、「外部環境から導かれる」建築デザインと定義してみたい。

ここで、「環境」と表現しているのは、いわゆる環境工学を指し示しているわけではない。周辺環境や室内外の環境を含めた、広義での「環境」を意味している。また、「外部」とは、建築の外部空間や外観のことだけではなく、建築という箱の外側での周囲との相互関係全般を指している。デザイン展開の契機が、建築の内部の論理にあるのではなく外側にあること、結果として他律的にデザインが展開するということである。内部構造から展開するデザインが「箱の作り方」を意識していたとすれば、外部環境によって導かれるデザインでは「箱が作り出す環境、箱が結ぶ周辺との相互関係」に意識が向かう。

環境の世紀と呼ばれる二一世紀において、いままさに、外部環境から導かれる建築デザインを考えてみる必要があるのではないか。少し前のこととなるが、建築専門誌『住宅特

※1 北海道においては、厳冬期に一軒の住宅を一か月間終日連続暖房するための灯油の量と、同じ期間に朝晩の通勤に費やすガソリンの量は、ほぼ同じだという。通勤用のガソリンは通年必要となるので、トータルで見れば車に要するエネルギーの方が圧倒的に多くなる。

集』[※2]誌上での建築家内藤廣と設備家彦坂満州男との対談が興味深いので、引用してみたい。

「九〇年代に入って、構造はカミングアウトしました。ところが設備というのはまだ隠蔽されるものとして認識されている。つまり建築全体の仕組みの中に取り入れられてこなかった。」

「設備は照明を除くと『隠す、見せない』が今までの前提でしたから」

「環境的なものが建築に隠されてしまうものだ、という構図を建築家が何らかの翻訳をして空間に結びつけていかなくてはいけない」


ここでは「構造」「設備・環境」という言葉は、狭い意味で、すなわち構造力学や環境工学といった意味合いで用いられているが、これを広い意味での「構造」「環境」と読み替えることができるだろう。いわく、合理的な箱の作り方という概念は広く社会に受け容れられた(―カミングアウトした)。しかし、その箱が創り出す状況や周囲に及ぼす影響については、まだまだ理解が乏しい、ということだ。現在では、多くの場面で建築における環境配慮が取り上げられるようになった。しかし、その内情を見てみれば、環境配慮によって、ランニングコストが削減されるという説明がなければ、クライアントに受け容れられない、というのが実際のところであろう。決して、環境配慮が目指されてはいない(―カミングアウトしていない)のである。周辺への影響をコストという建築側の論理で、説明するというプロセスが求められる。私たちが、いかに合理的な箱の作り方という論理に毒されているのか、うかがい知れよう。

閉じた環境建築

ここで、いわゆる環境建築というものについて考えてみたい。一般に環境に配慮したと称

※2　『住宅特集』二〇〇一年四月号　新建築社

される建築は、果たして本当に外部環境に意識を向けたデザインとなっているのだろうか。

ロンドンにガーキンと呼ばれるN・フォスター設計のオフィスビルがある。紡錘型の外形をしており、その内部では下から上へとらせん状に空気の流れが作り出されるという、さまざまな環境配慮の工夫が組み込まれた建物である。狭い意味での環境―環境工学的には、間違いなく優れた建築であろう。しかし、その外形はカプセルを思い起こさせ、周囲に対して関係を拒絶するかのような閉じた印象を与える。宇宙船が舞い降りたかのように、あるいはこれから宇宙へ飛び出そうというロケットのように、周囲とは関係なく独立して建つデザインである。外表面積をコンパクトにして、外部との接点を減らしていった結果なのだろうが、外部環境との応答性が欠落し、自らの理屈によって形が決定された印象を与える。すなわち、内部構造から展開したデザインのように映る。

これまで、環境工学は、取り扱う要素に応じて、熱、風、光といった分野に細分化してきた。それぞれの分野での工学的なアプローチを経て、さまざまな技法に基づく効果が厳密に数値化、検証されてきた。それらの技法を用いて、効率よく環境制御を行うことが目指され、細分化したそれぞれの分野でマニアックともいえるような技術が開発されてきた。特に、化石エネルギー利用の際に、できるだけエネルギー効率を高めることが重視され、環境に配慮した建築とは、エネルギー利用の効率の高い建築といわんばかりの状況が作り出されてきた。

ここに、内部構造から展開した二〇世紀的なデザインと同じ構図が見え隠れする。すなわち、効率を高めるところからデザインが展開しているのである。「生産時に合理的な箱」が「使用時を含めて効率的な箱」に置き換えられただけであり、「箱」側の論理に依っていることに変わりはないのではないか。その行き着く先は、周辺状況に左右されない「環境

fig5　30 St Mary Ave (the Gherkin)、2003年

工学的にユニバーサル」な建築である。外との関係を効率よく遮断し、どこにでも置くことが可能な箱が目指されることにつながってしまうのではないか。環境という言葉を冠していても、外部環境から導かれるデザインとは程遠い。言うなれば、「内部」環境から展開するデザインである。設計者の意識は外に向かうことなく、閉じたままである。あくまで建築の都合だけで（もしかしたら機械の都合で？）、物事が決められていく。本質的なレベルで周辺環境に目が向けられているわけではないので、エネルギーコストが変わるなど、評価軸が替われば一瞬にして環境に優しくない建築になりかねない。

つまり、建築の設計の場面では、いまだに環境配慮は狭い意味でしか捉えられていない。それを突き詰めていけば、再び自己完結的なデザインに陥っていくのではないか。

開かれた環境建築へ

環境への意識が求められる今、あらためて、閉じた内向きの環境建築ではなく、外部環境に導かれた建築を目指したい。環境工学が陥った閉鎖回路・閉鎖思考を脱した、高次の環境配慮型の建築である。物理的にだけでなく、外部環境へのさまざまな回路が開かれている「開かれた」環境建築である。

内部構造から展開する建築デザインにおいては、デザインの決定ロジックは自己完結的、自律的であった。それに対して、外部環境から導き出されるデザインにおいては、相互関係に決定ロジックを依拠する他律的なものとなる。見方を変えれば、他者との関係を積極的に受け容れる姿勢が求められる。他者からの影響を肯定的に受け止め、他者に与える影響に意識的な姿勢である。

ここでひとつの問題が生じる。外との関係によって柔軟にデザインを見直していくとなると、建築家の個性が前面に出た、いわゆる作家主義とは相容れにくい構図となるのではないか。いわゆる建築作品にはつながりにくい。環境配慮型の建築は、デザイン的に歯切れが悪いとしばしば指摘される。環境配慮型のデザインがまだ発展途上だということもあるが、それはそもそも外部環境を意識した建築の宿命ともいえよう。内部構造から展開するデザインが二〇世紀に広く受け容れられたのは、建材メーカーや施工者にとって都合がよかっただけでなく、さらに建築家にとっても作品に結びつきやすいというメリットがあったのではないか。外部環境にデザインが導かれるとなれば、常に自らの意図どおりとはならず、さまざまなレベルでやっかいごとを引き受けなければならない。かくして、多くの建築家は、いわゆる環境配慮型の設計に慎重な姿勢となり、義務感に駆られてアリバイ作り的に環境配慮を謳うか、さもなければ、作家主義と相性のよい、都合のよい「内部環境」を意識した環境工学建築に邁進することとなる。ここに建築デザインにおける「環境」の大きな課題がある。

しかし、そもそも二〇世紀的な作家性を目指すこと自体が、正しかったのだろうか。作り方の論理が前面に出ることは、それほど絶対的だったのだろうか。建築が内向し、周辺との回路を閉じたときに、人間の生活と周辺環境との関係も閉じてしまう。そこを、私たちは目指していくべきなのだろうか。二〇世紀の科学技術の飛躍を背景に、私たちの生活は大きく変化した。その事実を認識した上で、「内部構造から展開したデザイン」から「外部環境から導かれるデザイン」へとシフトすることの意義を、あらためて、考えてみる必要があるように思うのである。

ASHITANO IE
(Open Ended House)

アシタノイエ

2004年

小泉雅生+メジロスタジオ

住宅の行く先を考える、という意味合いから「アシタノ」という名称を付した住宅建築である。敷地内には、丘陵を切り開いた際に生じた高低差約3mの法面がある。その段差を埋めるように、敷地を大きく覆う屋根が架けられている。屋根は二つのHP曲面が組み合わされたものであり、周囲の起伏に沿わせた結果、緩やかにうねるような地形を生み出している。言うなれば、造成によって作られた地形の再編集である。さらに、屋根は既存樹木の周囲で欠き取られ、小さな坪庭を形成している。屋根という建築構成要素を、従前の敷地にデリケートに重ね合わせていくスタンスである。

その結果として獲得された居住空間は、屋根の下と上で、異なった性格となっている。起伏がある屋根の下部では、一つながりの流動的な空間が内外の坪庭によって分節化され、生活者の多様なアクティビティを柔らかく包み込んでいる。対して、屋根の上部は独立性の高い離れのような形式となっており、食や寝といったプライバシーの度合いの高い行為に対応している。周辺環境との応答性によって規定された建築と、そこでのアクティビティをインテグレートすることが目指されている。

This residential architecture is named “Ashitano ie (House of tomorrow)” with the intention of thinking about the future of habitation. The site has the bank with a height difference of about 3 m which emerged in the development of the hill. A big roof covers the site so as to fill the gap. The roof is the combination of two hyperbolic paraboloid shells and is built to follow the environmental landform and consequently form the gradual undulation. It should be called a re-editing of the landform created by the former development. Furthermore, the roof cut out by the existing trees around shapes small courtyard. It shows the stance of delicately superimposing the architectural element, which is the roof, on the existing site.

The residential space obtained as the result has different characters between upside and the downside of the roof. Under the roof with undulation, connected areas with fluid transitions are articulated by inner and outer courtyards and softly envelops the diverse activities of residents. Conversely, upperside of the roof forms the separated spaces, which support the activities with high degree of privacy such as eating and sleeping. It is aimed to integrate architecture regulated by the correspondence with the environment and activities in it.

尾根道と連続する屋根

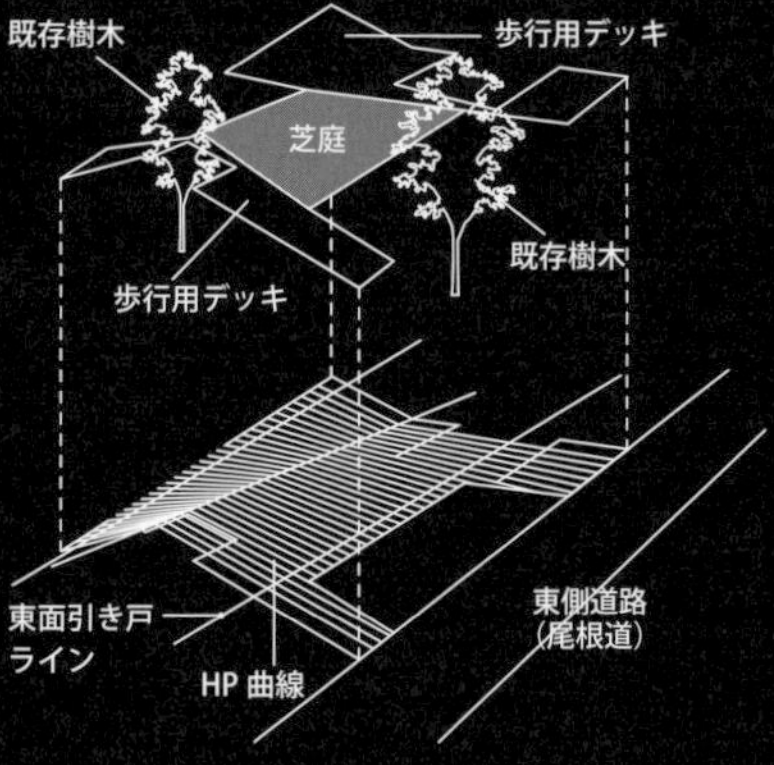

屋根のアクソメ

ルーバーで緩く仕切られた居間

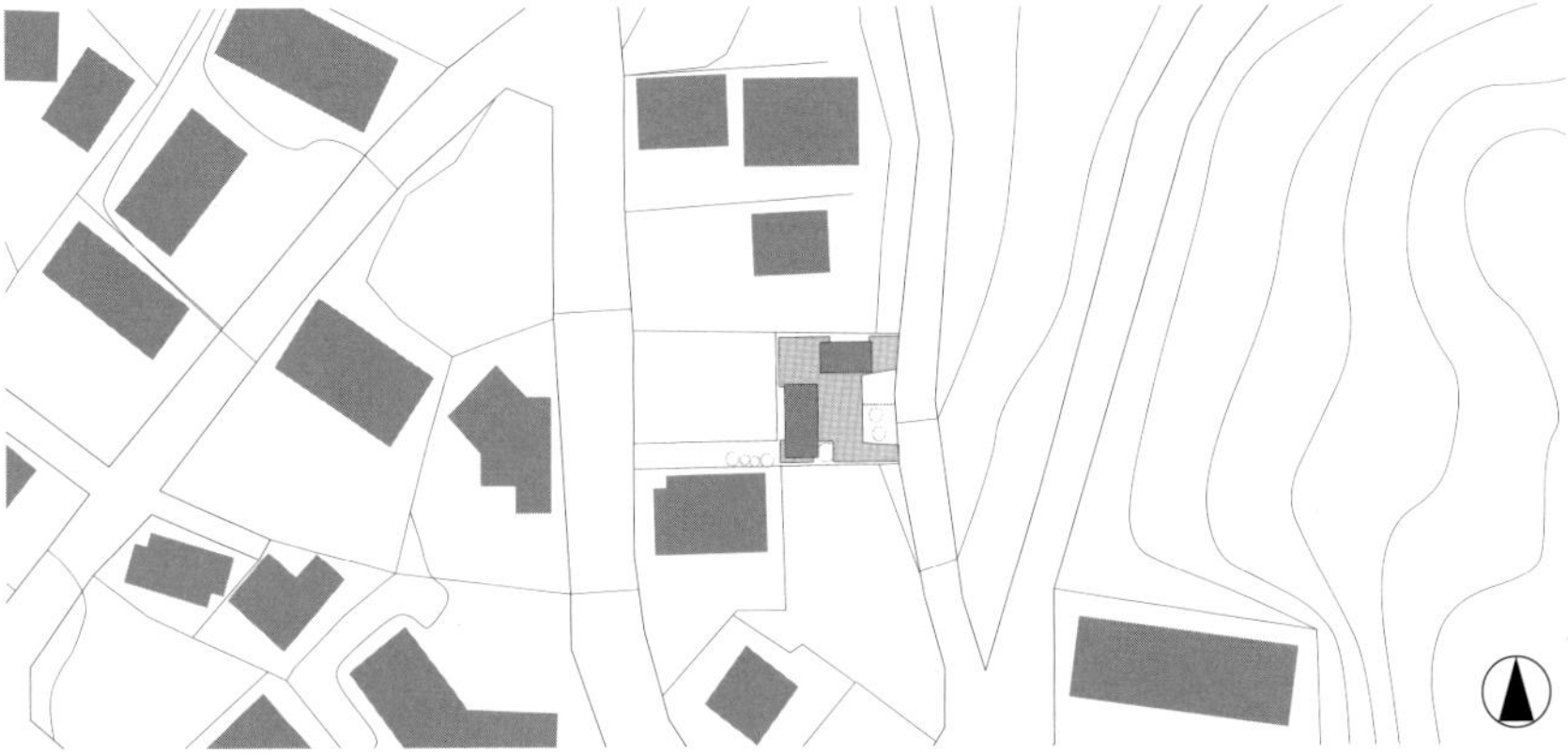

配置図　S=1：2,000

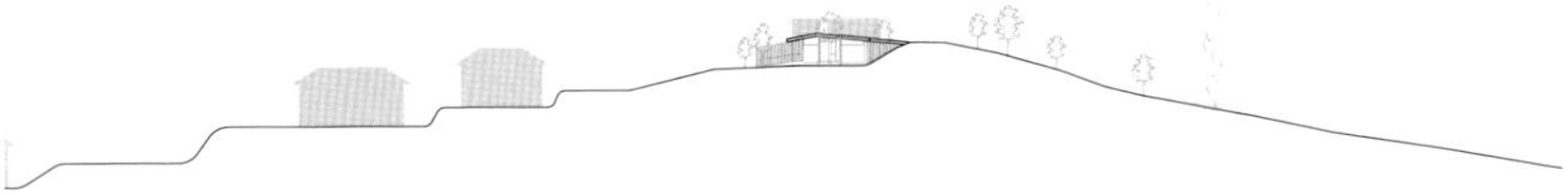

地形断面図　S=1：2,000

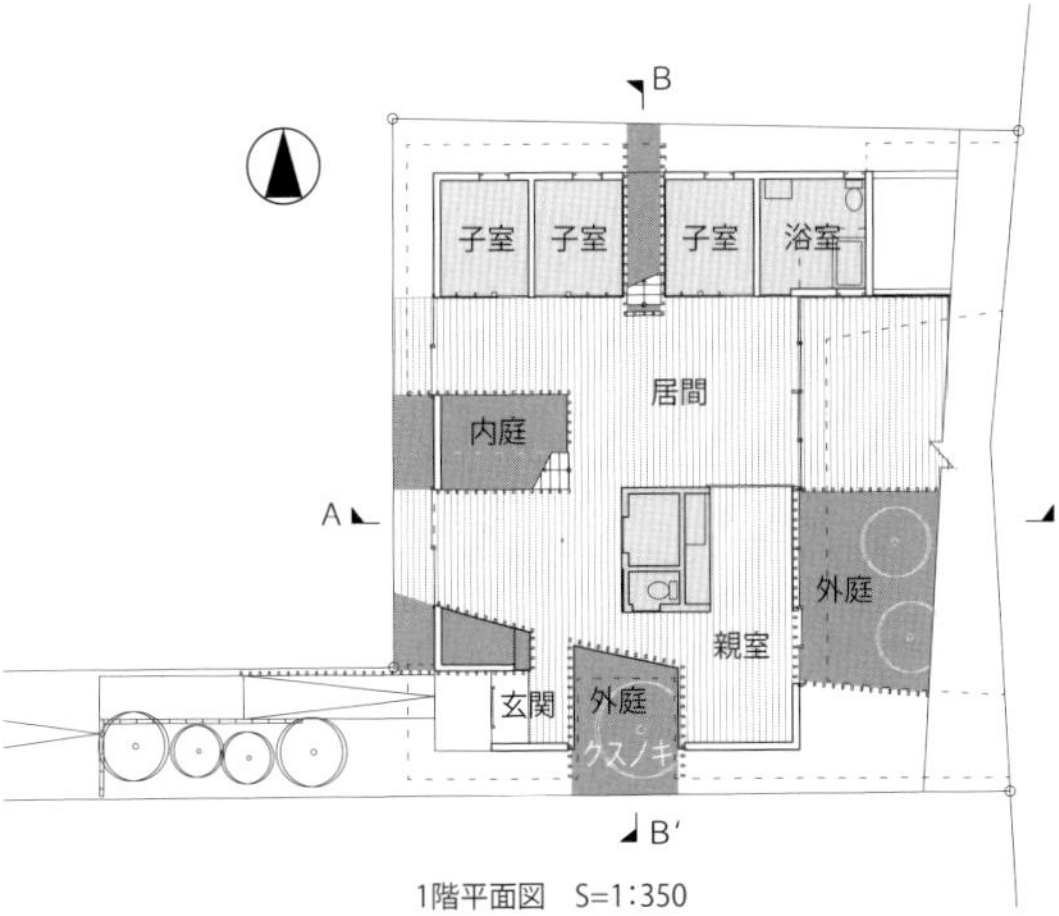

1階平面図　S=1：350

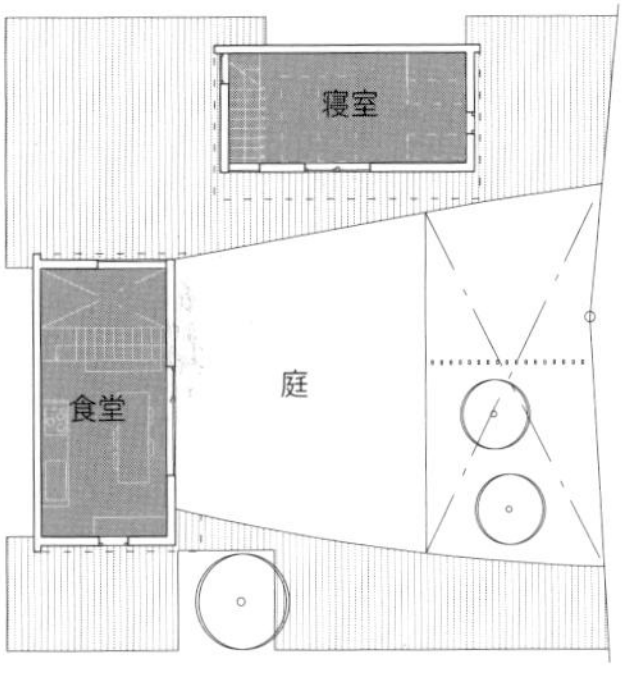

2階平面図

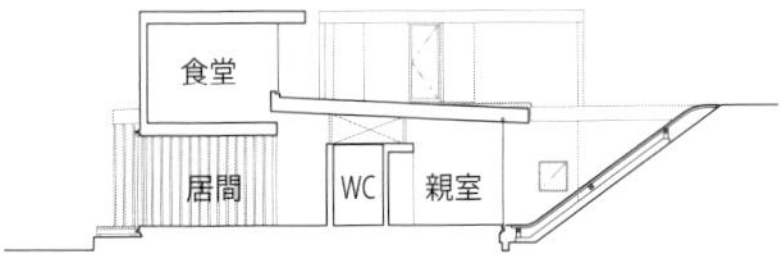

A-A′断面図　S=1：350

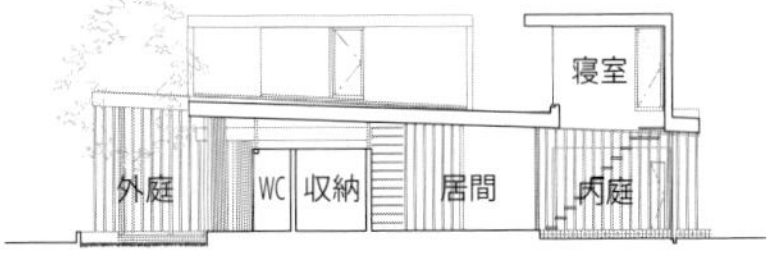

B-B′断面図

03

精密機械からルーズソックスへ
――機能主義とフィット感

「日本の住宅」

日本における環境デザインに関わる建築家のパイオニアとして、藤井厚二が挙げられる。京都帝国大学で教鞭を執り、環境工学的な視点で室内環境を実証しながら、住宅作品に取り組んだ、いうなれば、研究的なスタンスを持った設計者である。藤井は、何度か自邸の設計・建設を繰り返し、最後に「聴竹居」と呼ばれる住宅にたどり着いている。この聴竹居に至る試行や論考をまとめたのが『日本の住宅』[※1]という書籍である。

藤井が『日本の住宅』を著した一九二〇年代は、日本においては大正から昭和にかけてという時代であり、明治以来推し進められてきた西洋化が実際に市井の生活に入り始めた時期であった。床座と椅子座が混在するようになり、従来型の日本的な住まいの中に、新たな西洋風のライフスタイルが徐々に入り込んできた。

藤井は、『日本の住宅』において、

「我が国現代の物質文明は概ね範を欧米の先進諸国に採り、盲目的にそれに従ふことの

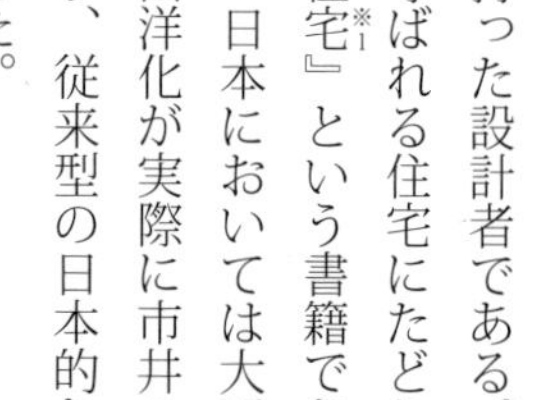
fig6　聴竹居、1928年

※1　『日本の住宅』藤井厚二著 岩波書店、一九二八年

み努め」、「国民の生活に於いても彼の生活を学んで、其の様式を一変せしめ、欧米化する住宅を以て文化住宅と信じ」ている。従って「吾々は我国固有の環境に調和し、其の生活に適応すべき真の日本文化住宅を創成せねばなりません。」
と記している。

歴史を経て培われてきた日本の住まいを、急速に西洋化した生活（ライフスタイル）に適応させようとすれば、さまざまな無理が生じる。特に、夏季の高温多湿という日本の気候風土のもとでは、壁に窓をうがつ洋館のような家のあり方ではうまくいかないだろう。生活が大きく変容しつつある中で、これからの住まいの姿を探っていくことが大切である。藤井は、実際に自らの住まいである聴竹居において、その課題と可能性を実証的に探ろうとしていたのである。

聴竹居

聴竹居の平面をみると、中央に居室があり、その周囲を取り囲むように、読書室や食事室、縁側等が配されている。いうなれば、居室を中心とするホール型の平面構成である。そして、居室においては、小上がりの床段差のところに床下のクールピット経由で風を導き入れる導風口が設けられ、天井面には棟へと抜けていく換気ルートが確保されている。

従来の日本の住まいは、一つの部屋が、卓袱台が置かれれば食事をする茶の間となり、寝具が敷かれると寝室になる、といった形で融通無碍に用いられるものであった。そのため、部屋間の間仕切りもふすまのような簡便・軽量なものであった。したがって、茶の間、六畳の間と呼ばれるように、「室」というよりは「間」と呼ばれるにふさわしい独立性の低

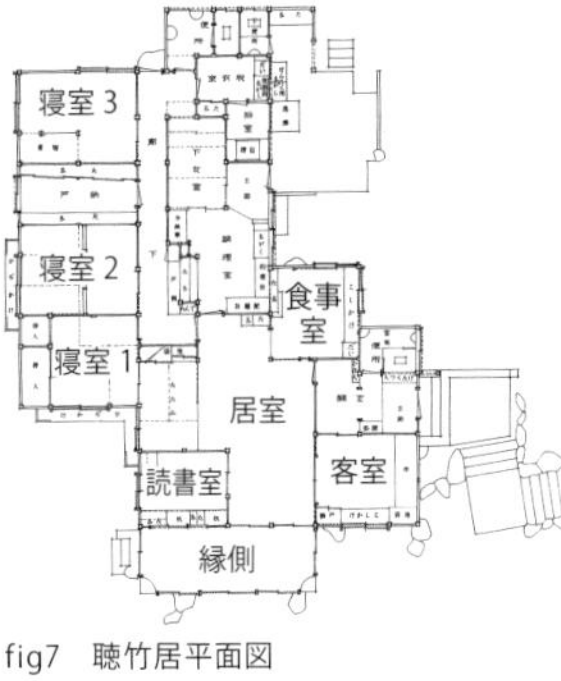

fig7　聴竹居平面図

fig8　聴竹居小上がりの導風口

fig9　聴竹居天井換気口

い領域によって住宅が構成されていた。それに対して、西洋型の住まいにおいては、家の中での個の領域や行為に応じたスペースが「室」として明確に示される。同時に、部屋間の間仕切りは強固な壁となる。目的的な部屋の集合体として住まいが記述されるのである。読書や食事といった行為名が付された諸室に居室が取り囲まれる聴竹居の平面からは、日本の従来型とは異なる、西洋的な目的的な部屋の集合体としての住宅の姿を藤井がイメージしていたことがうかがえる。

明確な目的を持った室は、採光を確保するために、建物の外周に置かれる。その結果として、居室は中央部にホール状に取り残される形となる。外気に面しない、いわゆる行灯部屋となってしまう。決して快適な場所とはいえないだろう。藤井が再三強調しているように、夏季に湿度の高い日本の気候風土においては、通風の確保が重要となる。当然のことながら、当時は空調に頼ることはできなかった。そこで、周囲を囲まれ平面的な風通しが確保しにくくなることへの対処として、床下と天井裏を利用して断面的に空気の流れを作り出すことが提案されているのである。同時に、諸室と居室との間も、壁によって区切るのではなく、段差や欄間によって、風通しを確保しながら緩やかに領域を形成するかたちとなっている。目的的な部屋名を付しつつも、壁でリジッドに仕切る形を取っていない。さらに、床座と椅子座の視点の高さの違いを組み合わせるところから畳敷きの小上がりという着想を得ているが、それを領域の明示手法とするのみならず、先に述べた空気の取り入れ口として、多義的に用いている。藤井が残した工夫や提案は、環境工学的な部分に偏って読み取られがちであるが、単発の技術・アイディアということではなく、住まい方、平面計画と連動し、総合化されたものであったことが理解されよう。

藤井は、西洋化したライフスタイルに基づく目的的な部屋の集合による住宅を、日本の

fig10　聴竹居の空気の流れ

気候風土のもとに順応させる方策を、この聴竹居で実践して見せたのである。しかし、奇妙なことに、居室の北西側に隣接する寝室・個室のゾーンは、なぜかふすまで仕切られた和室の続き間となっている。旧来の日本の住宅の姿が残っているのである。そして、その部分には、特段の環境的な工夫がなされた形跡がない。つまり、一軒の家が、二つの異なる原理で構成されているように見える。先に述べたように、藤井は生活が変わりつつある日本のこれからの住宅像を描き出そうとしていた。しかし、新たに順応させた西洋型のスタイルですべてを埋め尽くすのではなく、敢えて、二つの形式を一軒の家の中に持ち込んでいる。果たして、その理由は何だったのだろうか。

衣服と建築

『建築家なしの建築』という書籍で、多様な建築に対する視点を示したバーナード・ルドフスキーは、衣服に着目して『みっともない人体[※2]』という書籍を著している。そこで、西洋型の洋服と日本の着物における型紙のパターンの違いを取り上げている。衣服の元となる反物や生地から必要なパーツを型に従って裁断する際の形と配置が、両者の間でまったく異なることを指摘している。西洋型の洋服では、腕や胴といった体の各パーツの形や大きさに合わせた型を生地から切り抜いていく。それぞれの型は不定形となるので、その結果として多くの端切れが生じるが、できあがった洋服は、着る人間の体の形や大きさにフィットしたものとなる。それに対して着物の場合、型は直線で構成されている。したがって余分な端切れは少ないが、できあがった着物は、体を大ざっぱにくるむような形となる。そこで、個別の体にフィットさせるために着付けの際の工夫が別途必要となってくる。

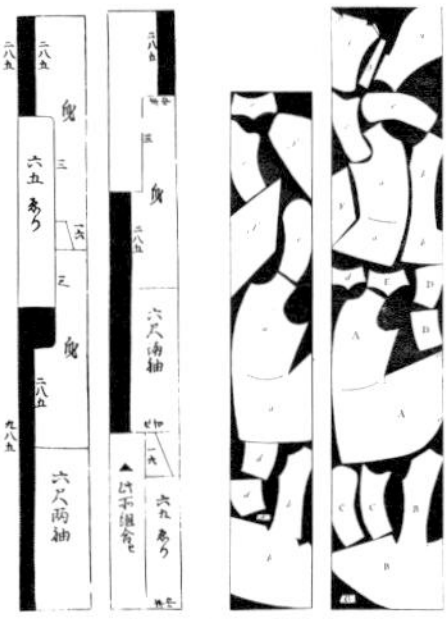
fig11　東西の服の型紙の違い

※2　『みっともない人体』バーナード・ルドフスキー著　鹿島出版会、一九七九年

ここで、聴竹居の平面図を再度見てみよう。居室を中心とする部分の平面のパターンは、洋服の型紙との類似がうかがえよう。対して、北西側の寝室を中心とする部分は着物の型紙を彷彿させる。まさに、洋服と着物に通じる、西洋型と日本型との二つの異なる考え方が混在しているのである。

西洋型の衣服は、時々の体の形にフィットするが、個々の体格の違いや時間軸での体型の変化には対応しにくい。日本の着物であれば、着付けの工夫で、一つの衣服が多くのパターンへと対応可能である。ただし、着付けをサポートするために、衣服本体の他にさまざまなパーツを必要とする。実は、この衣服の性格の違いは、そのまま住宅の平面にも当てはまるのではないだろうか。すなわち、特定の目的に沿った形や大きさの部屋を集合させてできた家は、その時の生活にフィットしたとしても、個々のライフスタイルの違いや家族の形の変化に、必ずしも容易にフィットできるわけではない、ということである。一方で、さまざまな活動を大きく包摂するように計画された住宅では、いくつかのサポートのための家具的な設えを用意すれば、比較的簡便に状況への対応が可能となる。そこに、藤井が、洋服のような西洋型の間取りに、着物に通じる旧来の日本的な間取りを、半ば強引に組み合わせた理由があったのではないだろうか。目的的な部屋の集合体だけでは、個別性や時間軸を加味した生活の変化にフィットしない、と考えていたのではないか。

藤井の時代から下って、戦後、食寝分離、個別就寝が謳われ、日本の住宅はn－LDKと称して、行為と個に対応した目的的な部屋の集合体として記述されるようになった。さらに、不動産的な視点から、限られた敷地面積・床面積の中にそれらの目的的な部屋をできるだけ効率的に押し込めていく工夫が、極限といえるまで追究された。衣服の型紙でいうと、洋服の作り方にのっとりつつ、できるだけ端切れを出さない、つまりできるだけ小さ

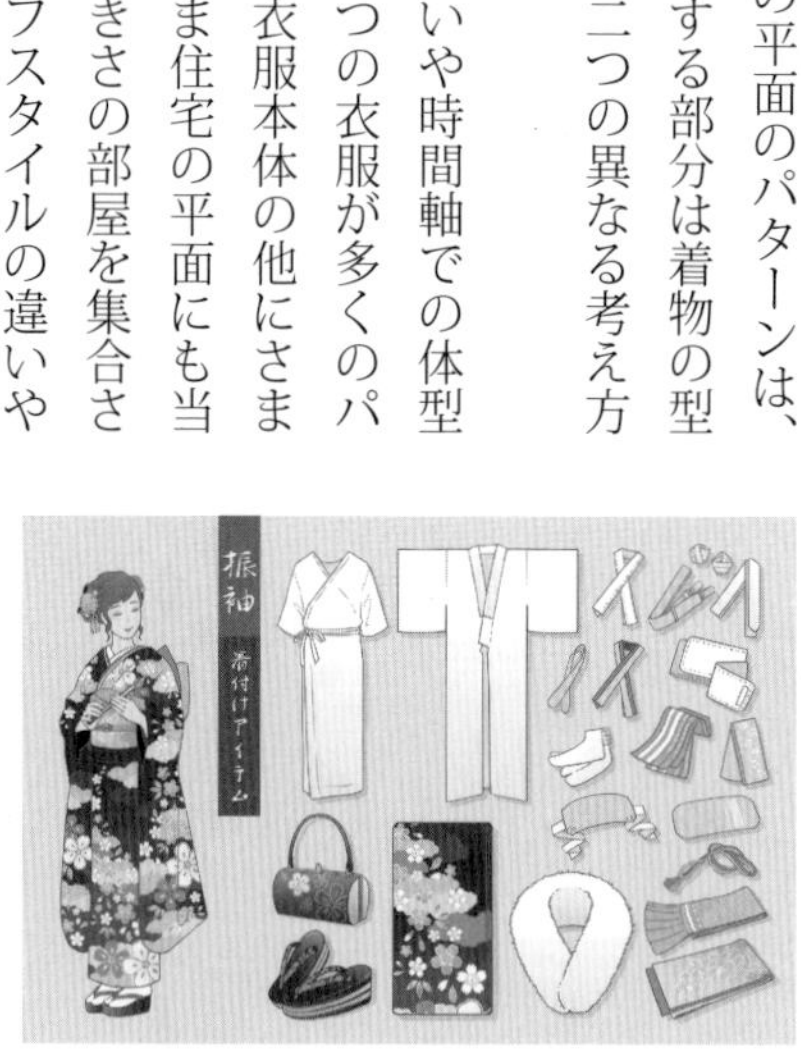

fig12　着付セット

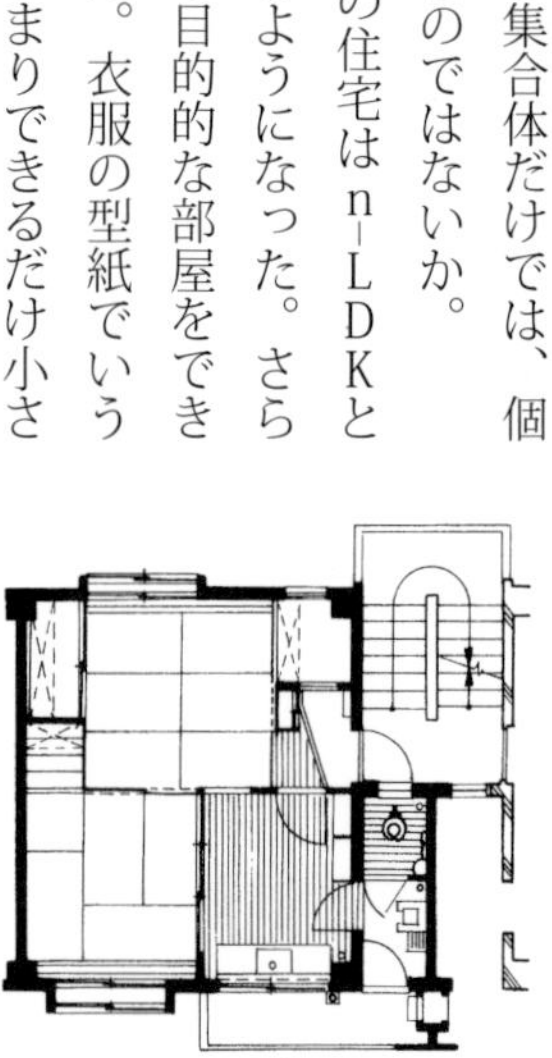
fig13　n・LDK 型住宅の原型
（公営住宅 51C 型）

な生地で服を作り上げることに注力されてきた。

篠原聡子は、ぎりぎりの床面積の中に、無駄なく住居が効率的に押し込まれていく様を、「日本のマンションは3ＬＤＫ七五㎡がスタンダードだが、それが韓国では一〇〇㎡になり、台湾では一二〇㎡になる。日本の七五㎡は、小さいが高性能、その分機能にタイトフィットしていて「ゆるみ」がない。「ゆるみ」がないから客も泊まれなし、介護もできない。[※3]」と評している。タイトフィットな洋服のような住宅建築に対する、強烈な批判といえよう。世帯あたりの人員が増えても、受け容れる余地はない。部屋が独立しているので、人数が少ないからといっても、納戸が増えるだけで、二間続きで広々と部屋を使うことすらままならない。

藤井が、聴竹居において一つの住宅の中に、二つのスタイルを混在させようとした狙いは達せられず、家族の形が変わった途端に、いうなれば体型が変わった途端に、着こなすことが難しい家が、日本中を席巻するようになってしまったのである。不動産の理屈に従った結果かもしれないが……。

※3　「住宅特集」二〇一三年二月号
新建築社

KOTORINO IE
(Bird Watcher's House)

コトリノイエ

2008年
小泉雅生／小泉アトリエ

都市近郊の林の中に立つ週末住宅である。厳しい条件の下に建つ建物として、外観はシンプルなイエ型形状となっている。内部においては、浴室やベッドといった設備や家具が必要とするスペースを外壁際に確保し、その残余の空間として中央部にリビングが確保される。部屋ではなく、設備・家具といったオブジェクトによって空間を規定していこうという試みである。

設備や家具の必要スペースをトレースしていった結果として、中央のスペースはクランクしながらチューブ状に連なっていき、最後は外の林の風景へとつながっていく。口から腸へと至る器官を内蔵する生体のような構成である。中央のリビングとその外側のスペースとの間は、木製の縦ルーバーで仕切られ、視線・空気が透過する関係となっている。襞状のルーバーが光を受け、内部での活動を柔らかく包み込む。この内なる皮膜としての縦ルーバーは、堅固な外壁とは対照的な、身体に近しい衣服のような存在といえよう。オブジェクトのためのスペースという「機能的」な空間とその余白という「ルース」な空間に住空間を分類し、その相互を緩やかに仕切り、つなぐことで、アクティビティに対応した新たな住様式を導き出そうという試みである。

This weekend house stands in the woods on the outskirt of the city. As the building under severe conditions, the exterior appearance shows the simple house shape. In the interior, necessary spaces for equipment or furniture such as bath room or bed are located along the inside of the outer wall, and the living room is secured in the center as the remaining space.

This is an attempt to define the space not by the room but by objects such as equipment and furniture. As a result of tracing the required spaces for equipment and furniture, the central space is cranked and connected in a tube shape, and finally leads to the scenery of the forest outside. It is a composition like living body that contains organs from the mouth to the intestines. The central living room and the space outside it are separated by a vertical wooden louver, which allows the line of sight and air to pass through. The pleat-shaped louver receives light and softly envelops the internal activities. The vertical louver as an inner film can be said to be a clothing-like existence that is close to the body, in contrast to the outer hard wall. This is an attempt to derive a new living style corresponding to activities, by classifying living spaces into "functional" spaces for objects and "loose" spaces as margins, and gently partitioning and connecting them.

東側外観

ルーバー越しに林を見る

読書テラスよりホール側を見る

読書テラス

ダイニング

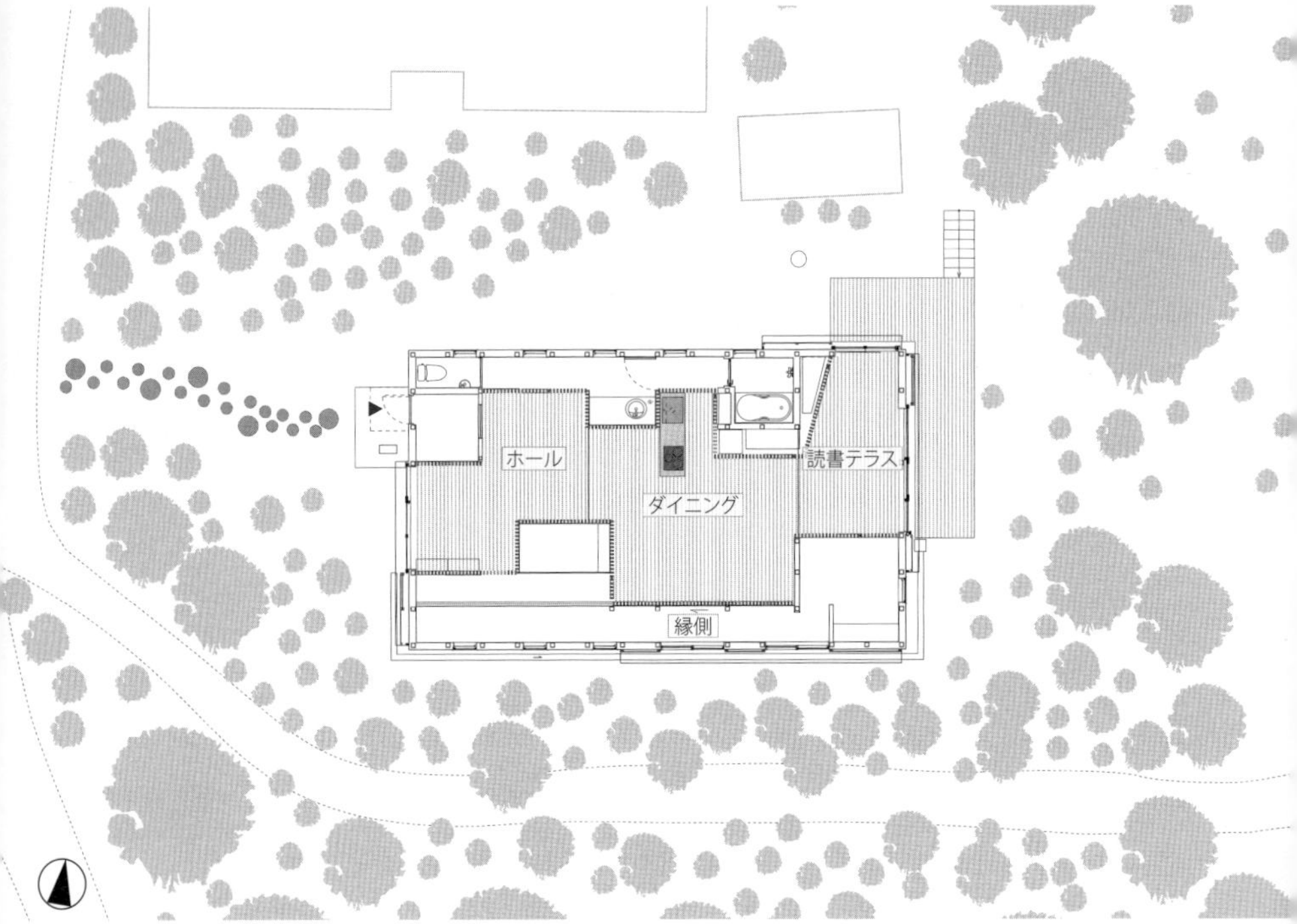

平面図　S=1：250

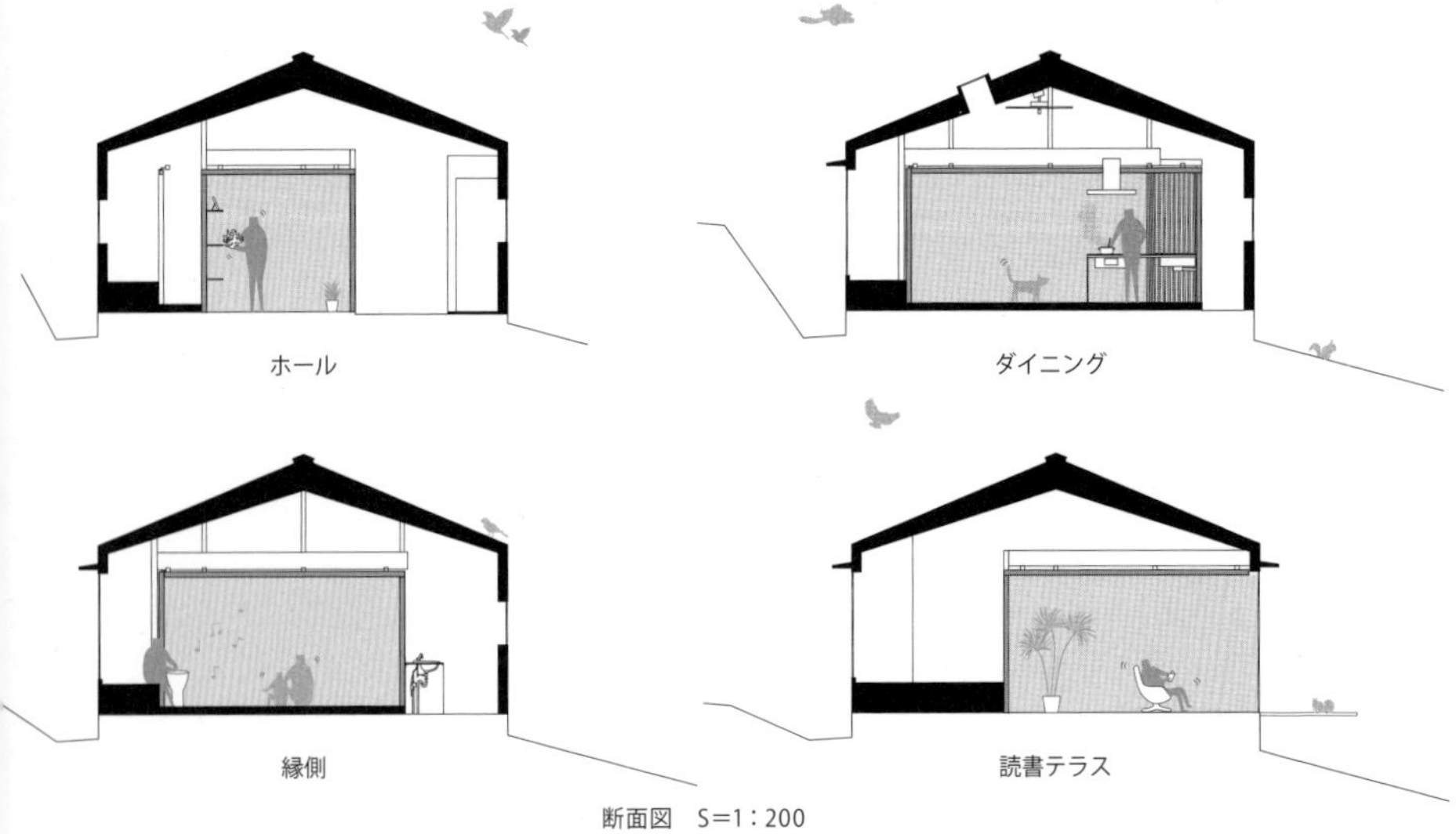

断面図　S=1：200

近代建築と機能主義

この目的的な部屋の集合体として、無駄なくタイトに建築を構成していく流れは、何も日本の住宅シーンに限ったことではない。建築を機能的な面から捉え、合理的に無駄なく建築を作っていこうとする姿勢は、まさしく近代建築における機能主義そのものである。旧来からの因習を離れ、合理的に物事を考えていく近代合理精神に通じるものである。

ル・コルビュジエは、著書『建築をめざして』[※4]で、客船や機械を例にとり、機能的に物事が構成・構築されることの美を謳った。機械のように、機能的なパーツの集合体として建築が捉えられるべきだと主張したのである。そこには因習にからめとられまいという強い意思と同時に、近代的な科学技術、合理的思考、そこから展開した機能主義への絶対的な信頼が感じられる。伊東豊雄は、産業革命を経て、特権階級のパトロネージュによる建築が市民階級によるものへと変容したときに、建築を決定していく要因として参照されたのが、誰でもが納得しやすい「機能」であったと指摘している。かくして、「機能」がクローズアップされ、機能をより仔細に、正確に把握し、それに対応していくことが、よりよい建築に結びつくと考えられてきた。「機能」や「性能」[※5]を追い求めること、それが近代建築のたどってきた道なのである。

郊外住宅と機能主義

実は、こういった機能主義的・性能主義的な考え方は、先のｎ・ＬＤＫ住居の例にみるように、建築の発注者である不動産事業者に受け容れられやすい。必要とされる（もっとい

※4　『建築をめざして』
ル・コルビュジエ著
鹿島出版会、一九六七年

※5　追い求められた「機能」という概念の中には、いわゆる用途や使われ方といったニュアンスだけでなく、「性能」という意味合いも含まれよう。最近では、建築に求められる性能を、仔細に分析・評価していく手法が多く打ち出されている(ＣＡＳＢＥＥ、ＬＥＥＤなど)。建築には、熱・風・光、音といったフィジックスに対応したさまざまな性能が期待される。求められる性能を正確に定義し、そして確保していくことも、併せて推し進められてきた。

えば、エンドユーザーに受ける）機能や性能さえ担保すればよい。もちろん機能や性能のスタンダードは時どきで異なるから、その流れだけ掴んでおけば、その時点で関係なさそうなファクターは、収益性に結びつかないから無駄であると排除してしまう。機能を極限まで突き詰めることは、より高い収益へと導いてくれる。

ここで、不動産事業者によって開発される都市周辺の郊外住宅の現状をみてみよう。人口減少が取りざたされ、空き家の増加が謳われる中で、いまだに「郊外住宅地」が開発され続けている。そして、そこでは、判で押したように4LDKが供給される。※6 立地や家族の形によらず、最も市場の反応がいいからという理由による。計画上の理念があるわけではなく、移り気な市場の反応に計画をゆだねているだけである。緩衝領域としての縁側や精神的な広がりを感じさせる床の間のような中間的なスペースは、もはや顧みられることはない。篠原聡子が指摘したように、将来的な家族像の変化に対応することも考えない。求められる最小限の「機能」から外れるからである。

住宅の平面計画が機能的で無駄がないものになると同時に、その住宅建築を納める住宅地の計画も、そのコンパクトな住宅建築に特化したものとなる。無駄がない、すなわちタイトフィットした住宅地計画である。敷地面積は一二〇㎡前後に限定され、それをいかに効率よく地域内に敷き詰めていくかが、追究される。ぎりぎりで計画された、いうなれば戸建て住宅の団地である。そして、小割の敷地一杯に建つ住宅は、いわゆる性能はしっかりと確保され、なぜか高度なIT設備が設えられ、一〇〇年続くサステナブルなスマートタウンとして売り出される。本当だろうか。

機能・性能的には、充実した住宅・住宅地かも知れない。しかし、売り出されたときのライフスタイル、家族の形にタイトフィットした住宅地に、サステナビリティ——持続可能

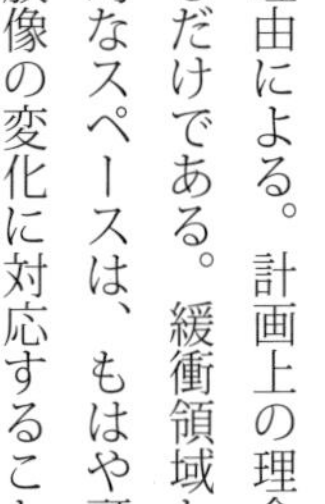

fig14　定形 3LDK

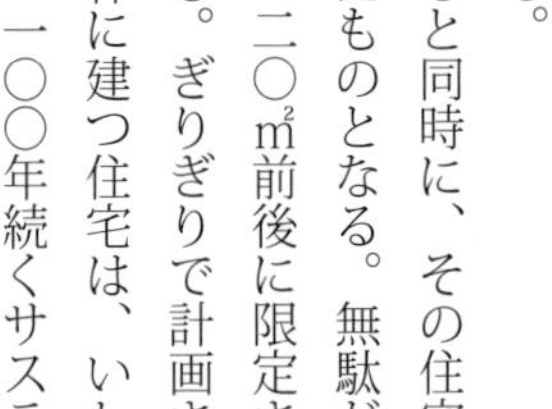

fig15　Fujisawa サスティナブルスマートタウン

※6　ちなみに、集合住宅、いわゆる分譲マンションの場合は、判で押したように3LDKとなる。花里俊廣は、これを定型3LDKと呼んでいる。

性はあるのだろうか。かつて高度経済成長期に大量に作られたいわゆる「団地」は、二、五〇〇㎜前後というぎりぎりの階高設定が、時代を経てのリノベーションの大きな制約となった。戸建て住宅団地におけるタイトな敷地という制約は、将来的には集合住宅における階高と同様の足枷となるのは間違いないだろう。大量に建設されたギリギリの階高の団地をもてあます現状から、果たして私たちは何を学んだのだろうか。市場の都合だけで、タイトな敷地面積で宅地を供給し続けることの意味は何であろうか。

ロック・ガーデン

機能主義を唱えたル・コルビュジエは、インド北部のチャンディガールという町の都市計画を行っている。域内の道路には、移動スピードに対応した八つの階層が付与され、碁盤の目のような直交グリッドを構成している。八〇〇×一、二〇〇mの大きさに設定された街区はセクターと呼ばれ、住居、学校、ショッピングセンターといった都市機能がバランスよく配置されている。理論に基づいて隅々まで「計画」された都市である。混沌とした様相を呈することが多いインドの都市の中で、異色の存在といえよう。

この計画された都市チャンディガールに、ロック・ガーデンと呼ばれる場所がある。ネック・チャンドという道路行政に関わる役人が、建設によって生じた廃材を集めて無数のオブジェを製作し、長年にわたってセクターに隣接する緑地内に人知れず設置したものである。ある時点でその企ては露見したが、紆余曲折の後、市民の支持を得て、ロック・ガーデンと名付けられ、テーマパークとして残されることとなった。現在では、市民に愛される町の名所となっている。

fig16　京都八幡男山団地

fig17　チャンディガールの街並み

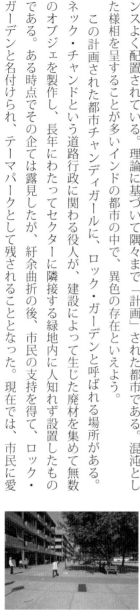

廃材によって、気の赴くままに、場当たり的に作られたロック・ガーデンは、建築家や都市計画家によって隅々まで計画されてできた町とは、対極にある。機能主義的な計画に対する強烈な異議申し立てといえよう。ネック・チャンドの試みは、計画し尽くされた町から、いろいろなレベルではみ出している。チャンドははみ出るようなものが、町にはあるべきだと主張したかったのではないか。そして、その考えは事実、多くの市民に共有・支持されたのである。

コルビュジエは、都市における生活とその器となる建築・都市を緻密に計画しようとした。コルビュジエを好意的に見れば、こういった事態をあらかじめ想定して、隣接地域にバッファーゾーンとなる緑地域を設けていたのかも知れないが、ロック・ガーデンのエピソードは、「機能的」に構成され、タイトフィットする器の限界、さらにいうと、一つのロジックで人間の生活を「計画」し尽くそうとすることの限界を示しているといえよう。

このように見てくると、必要とされる部屋、建物、そして敷地をギリギリに納めるように計画された郊外住宅地の将来が、うかがい知れる。藤井が、一軒の家の中に、新旧、東西の二つのシステムを混在させたことに思いを馳せれば、合理的、機能的であるということの意味を、今一度、疑ってみる必要があるように思える。

fig18　ロック・ガーデン

fig19　ネック・チャンド

計画の限界

先に述べたように、機能主義や性能主義というのはわかりやすく、あらがいがたいロジックである。そこで機能や性能を全面的に信頼し、備えるべき機能や性能を細かく分解し、建築を微分的に捉えていく流れが形作られた。

かつて計画原論と呼ばれた建築を計画するための総論的な学問分野があったが、建築計画学と環境工学とに分離し、環境工学においては「工学」として熱や風や光といった各分野に細分化され、それぞれの分野で厳密かつ細かく、性能を数値化することへとシフトした。建築計画の学問分野においては、各種のビルディングタイプの使われ方調査・分析を通じて、正確に機能を把握することが追究されてきたが、学問としての建築計画学が成熟を迎えるにつれて、微細すぎて把握することに意味があるのか、それをフィードバックする機会はあるのか疑問に思われる現象までもが調査対象とされるようになった。

機械の美を説いたコルビュジエの言説からさらに進んで、あたかも精密機械を作ろうとするかのようなスタンスになりつつある。近代建築が打ち出した機能主義に一定の意義があったとしても、ひたすら、解像度を上げ、精度をむやみに高めていくことの意味はどこまであるのだろうか。

篠原が指摘するように、その時どきの活動にぴったりとフィットした器・機械であっても、必ずしもその状態が時間的に長く続くものでもない。建築は、衣服と異なり、長期にわたって用いられ、気軽に取り替えたり買い替えたりするものではない。原広司は「機能から様相へ」と語り、近代建築が掲げた機能主義を超えていくことの重要性を謳った。精度をひたすら上げて細分化していくのではない、建築学の発展の方向性、ひいては建築のあり方を今一度考えてみる必要があるだろう。近代合理精神とそれに基づく機能主義を超えた、ルーズで緩やかな計画学を構築できるのか。そして、収益性を追究し市場の原理におもねる不動産事業者的発想から脱することができるのか、多くが問われている。ルーズソックスのように、おおらかに身体とアクティビティをくるむような建築と都市を考えたい。

Ashihara Elementary School

戸田市立芦原小学校

2005年

小泉雅生／小泉アトリエ ＋ C+A

普通教室を1階と3階に配置し、その間となる2階に、普通教室にサンドイッチされるような形で特別教室群の層を配している。特別教室は、さまざまな学習の機会を得ることのできる場所として、学校の中心的な位置付けとなっている。普通教室は、廊下との間を隔てる壁がなく、オープンスペースに向かって開かれ、いわゆるオープンスクールという形式となっている。オープンスペースには、均質空間の中に場所性を作り出すデバイスとして、クランクする一連なりの木製の縦ルーバーが設えられている。クランクの周期を変化させることで異なる大きさの空間に分節し、さまざまな学習活動への対応を可能としている。あくまで、機械的に周期を変化させ、予定調和となることを回避している。さらに間仕切りを格子状として、かつ上下をオープンとすることで、視線の透過性を確保し、注意深くタイトな領域区分とならないよう配慮をしている。

外壁には、市松状に緩やかな突起を設け、コンクリートの冷たい肌でありながらも、子どもが思わず触りたくなるような表情を持たせている。太陽の角度により、突起が光を受けたり影を落としたりして、刻々と表情を変える外壁となっている。

The regular classrooms are located on the 1st and 3rd floors, and the layer of special classrooms on the 2nd floor are sandwiched between the regular classrooms. The special classrooms are positioned as the central places of the school where students have the opportunity to study various things. Regular classrooms have no walls separating them from the corridors and are open toward open spaces. It is so called open style school.

In the open space, a series of cranked wooden vertical louvers are installed as the device that creates specific places in a homogeneous space. By changing the cycle of concave and convex, the space is articulated into spaces of different sizes, so that they are able to respond to various learning activities. The cycle is changed mechanically to avoid the preestablished harmony. Furthermore, by making the partitions in a louver style and opening the top and bottom, the transparency of the line of sight is ensured, and the area division are considered carefully not to be tight.

Gentle checkered protrusions are installed on the outer wall so that they have an expression that make the students feel to touch them, even though it has cold concrete skin. Depending on the angle of the sunlight, the protrusions receive light or cast shadows, making the look of the outer wall change every moment.

外観

2階の特別教室

2 階中庭

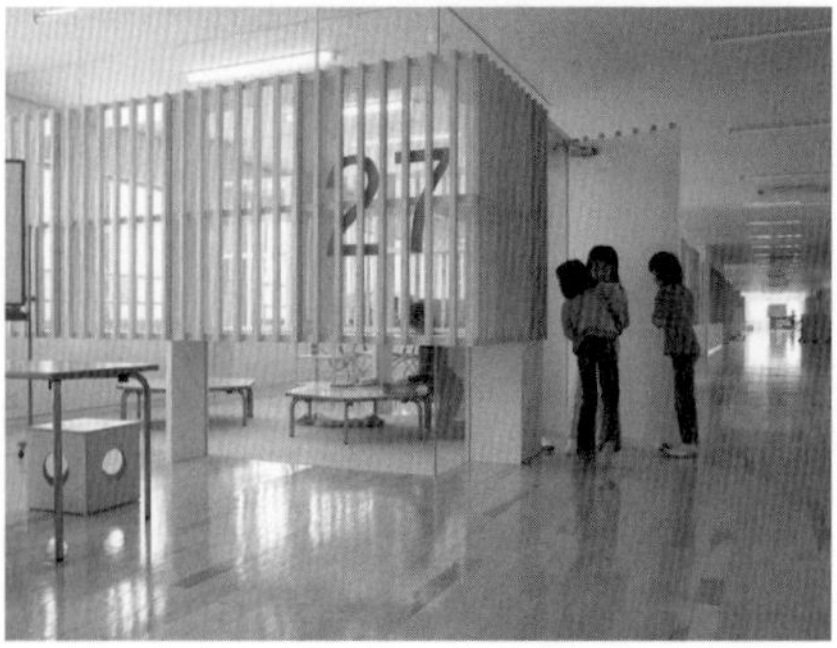

教室ゾーンの小部屋

3 階教室ゾーン

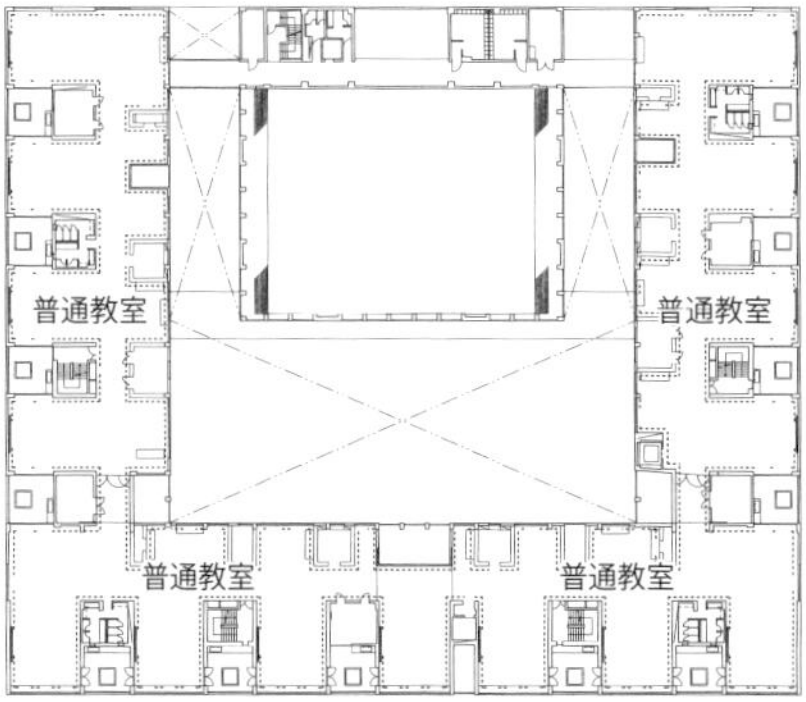

3 階平面図

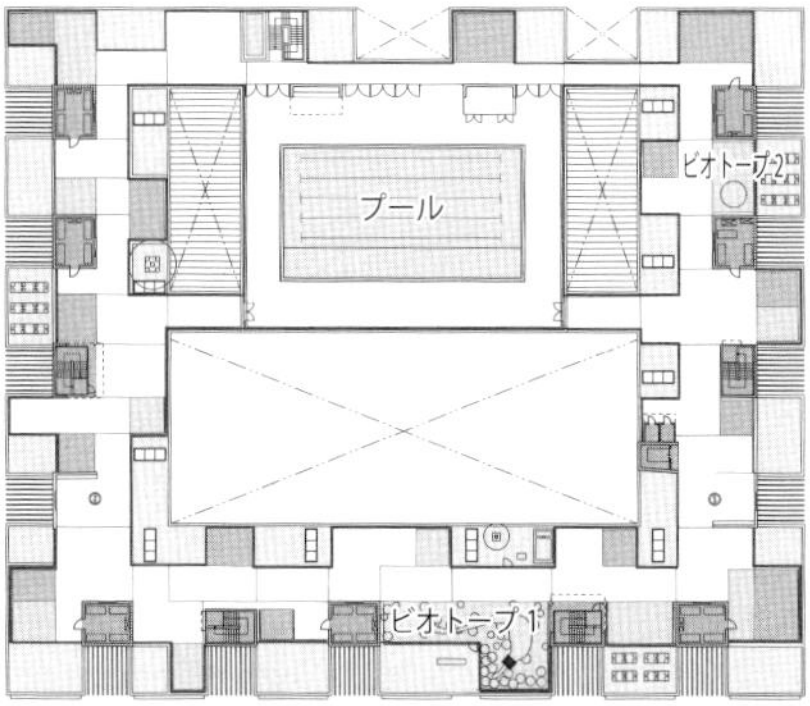

R 階平面図

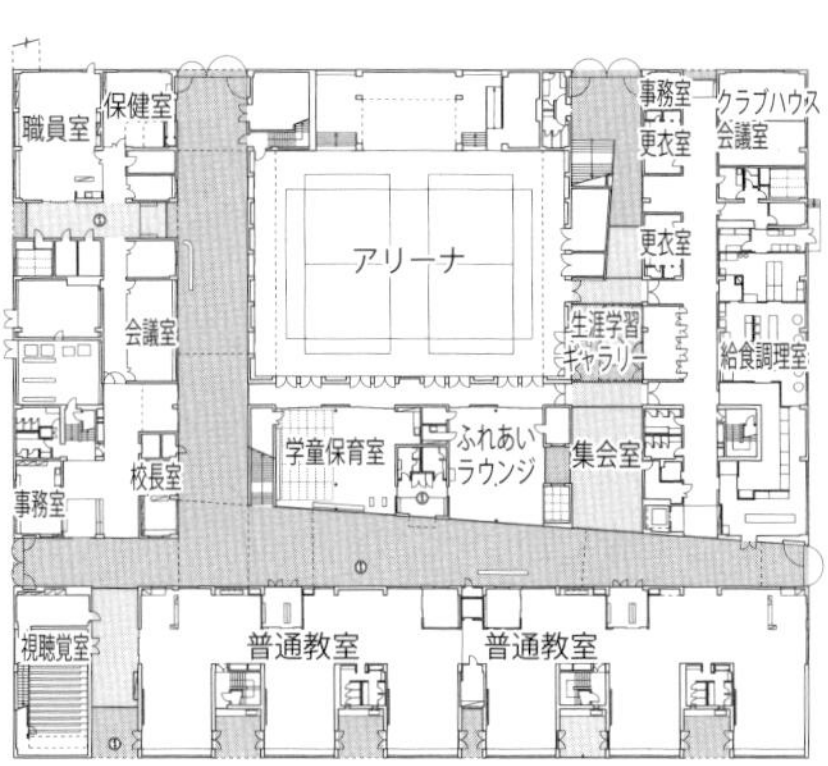

1 階平面図　S=1:1,500

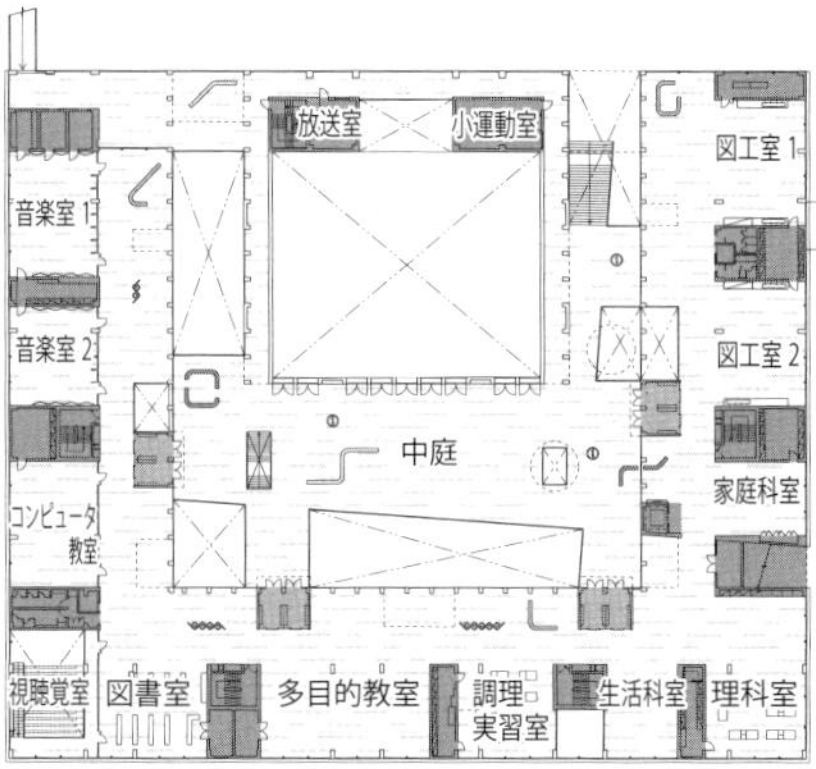

2 階平面図

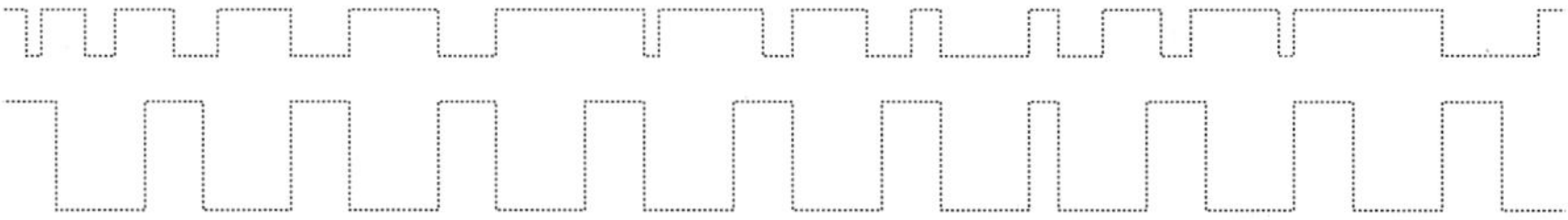
ダイアグラム「家具的な仕掛け」異なる二つの木のルーバーの帯が、学年ゾーンの中を展開していく

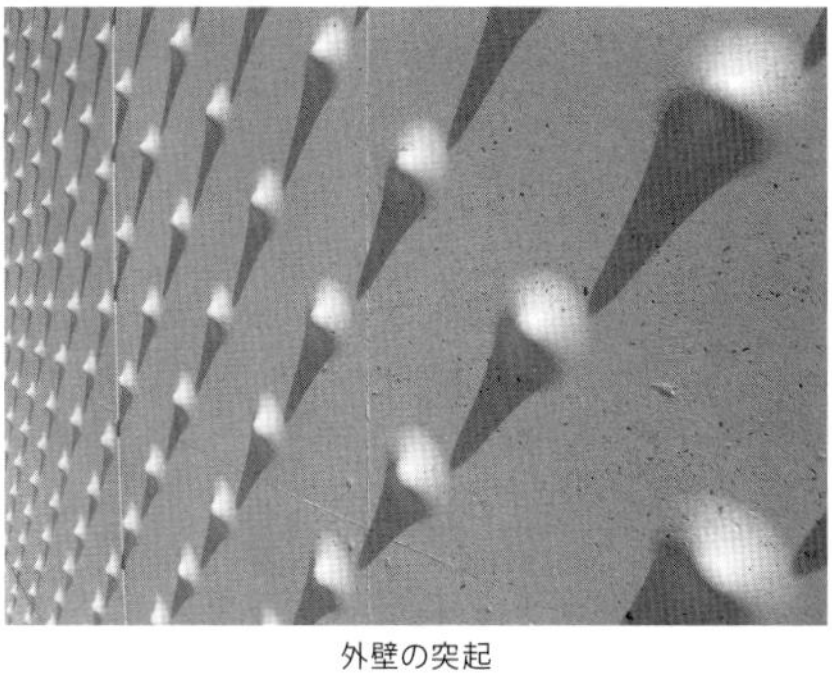
外壁の突起

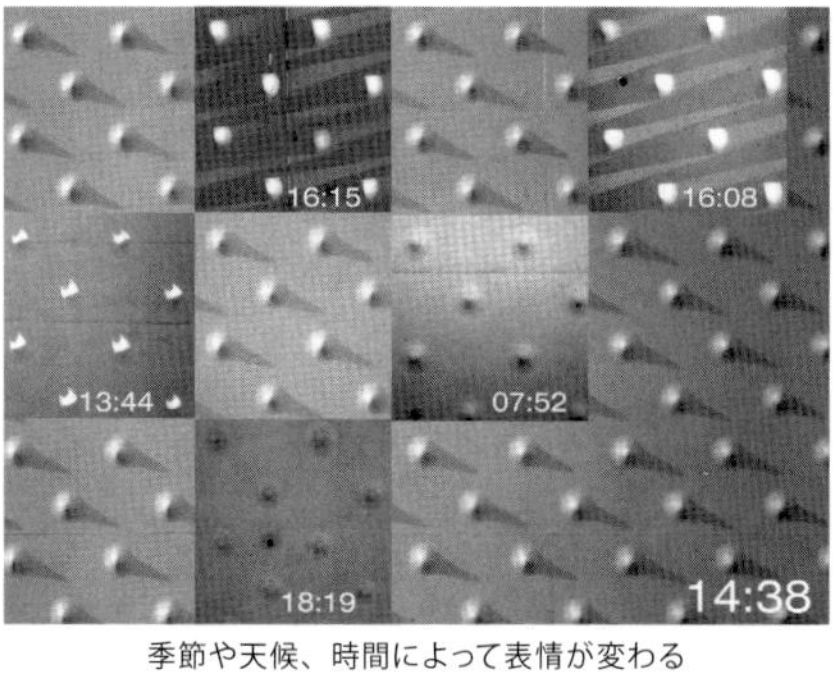

季節や天候、時間によって表情が変わる

04

ハイエネルギーからローエネルギーへ
——均質空間とローカリティ

ハイエネルギー

02で述べた素材・構法に加えて、二〇世紀の近代建築を支えたもう一つの技術的なバックボーンとして、エネルギーがある。二〇世紀において、建築におけるエネルギーの位置付けが変わった。正確にいうと、生活におけるエネルギーの位置付けが変わったというべきかもしれない。それまでとは消費されるエネルギーが、質・量ともに大きく変化し、それに伴い建築の形も変化したのである。

建築で使われるエネルギーの質の違いを、小玉祐一郎は「ハイエネルギー」「ローエネルギー」と表現している。

「太陽の熱や風のように、『エネルギー密度が低い』『品質が悪い』『高温が出せない』エネルギーをローエネルギーと言います。使いにくく、用途が限られる。これとは反対に、電力、ガス、石油はハイエネルギーと呼ばれ、何にでも使えます。われわれは二〇世紀を通じてハイエネルギーだけの効率を考えてきました。[※1]」

fig20　高知本山町の家（小玉祐一郎）、2002年

※1　『家とまちなみ67』住宅生産振興財団　二〇一三年三月

ハイエネルギーは、石炭や石油、天然ガスといったいわゆる化石燃料からだけでなく、原子力発電、さらには太陽光発電・風力発電といったいわゆる再生可能（自然）エネルギーからも生み出される。今や、自然エネルギーも、何らかの手法で変換してハイエネルギーの形で利用することが求められる。

ハイエネルギーが重視されるようになったのは、もちろん、それを用いて設備などの機械を稼働させることができるからである。かつては、温熱、通風、光環境ともに、基本的には自然のエネルギーをそのままで、すなわちローエネルギーの形で利用することがメインであった。設備機器が用いられるとしても、ローエネルギーによる環境制御を補助する役割でしかなかった。それが二〇世紀を通して、ベースとしての環境制御が、ハイエネルギーを用いる設備機器に全面的に頼る形へとシフトした。

量についても、ハイエネルギー化、機械設備化に伴い、大量消費型へと移行した。それまでは補助的な位置付けであり、その使用量は抑制されたものであった。ガスや電気といったエネルギー供給網の整備が進み、安定供給が可能となり、それに伴い、室内環境制御のために、ハイエネルギーを惜しみなくふんだんに使える―使うようになった。建築の室内においては、温湿度が管理された空気を搬送する空気調和設備によって自在に温熱環境が作り出され、照明器具によってどのような場所でも必要な照度が確保される。ローエネルギーによる環境制御という観点からは不利な配置や形状・スケールの空間であっても、大量のハイエネルギーを投入して、設備機器を用いることで力任せに制御していけば、支障なく機能する。むしろ、不安定で気まぐれな自然エネルギーに依存するより、安定した環境を担保するには機械に任せたほうがよい。

社会におけるエネルギーのあり方が大きく変わり、そしてそれに伴い、建築のあり方も変わった。しかし、資源の枯渇が叫ばれ、エネルギー消費に伴う排出CO_2の問題が取りざたされる今、二〇世紀の建築デザインを、エネルギー利用という観点から見直してみるべきだろう。

ハイエネルギーと近代建築

そもそも、近代建築に特徴的な透明なガラスで覆われた空間は、温熱環境の制御がきわめて難しい。日射があるときには熱が過剰に侵入し、外気温が低いときには断熱性能の劣るガラス面から熱が逃げていく。外部からの熱の影響を受けやすい上に、熱容量が小さいので、温度変化の影響を和らげるメカニズムも働きにくい。温室をイメージしてみればわかるように、場合によっては屋外環境より厳しい屋内環境となりかねない。その観点からすれば、ガラスのカーテンウォールで覆われたいわゆる「近代的な」オフィスビルは、ハイエネルギーの大量消費と、それを用いた環境制御を前提とした形式であることが理解されよう。ガラスの透明度を高め、サッシの見付けを絞り、透過性の高い空間を目指す裏側で、それを成立させるための巨大な設備機器が膨大なエネルギーを消費しているのである。

平面計画についてみてみれば、近年では、オフィスビルを計画するにあたって、家具レイアウトの自由度が高く、不動産価値が高まるとして、奥行きが深くて面的な広がりのある一室空間が好まれる。かつては、面的な広がりのある敷地であっても、通風・換気、採光が確保されるように、中庭を囲むロの字型や櫛の歯状の平面とすることが一般的であった。自然の通風、採光といったローエネルギーに依存した環境制御では、制御可能な室の奥行きに限界がある。結果として、ある程度分節化された平面形状が導き出された。しか

fig22　櫛の歯状のビル（サブウェイ・ターミナルビル）、1925年

fig21　ガラス張りのオフィスビル（シアーズタワー）、1973年

し、完全空調を前提とするのであれば、床面積当たりの外表面積が、小さい方が外気の影響を受けにくく、熱効率が高いということになる。かくして、サッカーのピッチが入るほどの巨大な平面を持つオフィスビルが出現することとなった。窓ははるかかなたに遠ざかり、もちろん開けることもできないし、仮に開けることができたとしても到底風が行き渡るとは思えない。平面の奥深いところでは、日中でも常に点灯することを余儀なくされる。不動産的に好まれるこの平面形式は、ハイエネルギーの大量消費を前提としたものといえよう。

　このように、ハイエネルギーを使う環境制御により、それまでは考えられないような建築の形が導き出された。私たちが日常的に体験し、当たり前のように受け止めている建物も、実は、エネルギー消費という観点から見てみれば、随分と無理をした建物なのである。

エネルギー・バブル

　建築がハイエネルギー消費型に移行するとともに、個人の意識、生活のレベルも、ハイエネルギー消費型・機械依存型へとシフトしてきた。

　最近では、中間期であっても、窓を開けて走っている車を見かけることはめっきり少なくなった。少し前までは、街なかで窓を開けて走っている車を当たり前のように目にしたし、わざわざ採風用の小窓が設けられている車もあった。しかし、今では窓が閉め切られ、季節によらずオートエアコンを効かせている。車自体が速度を持って移動しているわけだから、窓さえ開ければファンを使わずとも容易に風を採り入れられるはずだが、わざわざファンを使って車中に空気が取り込まれているのである。窓の形式にしても、手軽な採風

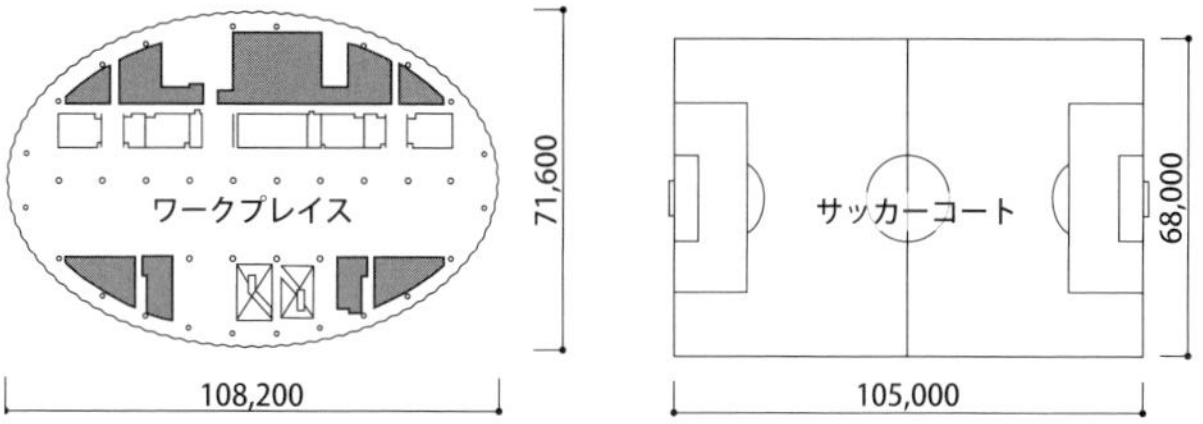

fig23　富士ゼロックスＲ＆Ｄスクエア（平面図）、2010年

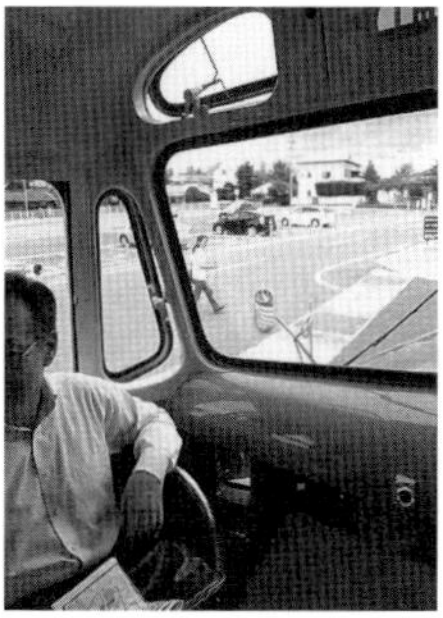

fig24　採風窓のあるボンネットバス

用の小窓が姿を消し、代わりに動力を用いて窓を開け閉めするパワーウインドウが登場した。実際には、手が届かないほど窓が遠くにあるわけでもないし、モーターの助けを借りなければならないほど窓が重いわけでもない。それらの設備を稼働するのにハイエネルギーが使われ、さらにその駆動設備が車載されることで車重が増し、移動時にさらなるハイエネルギーが必要となる。

建築においても、窓が開かない、すなわちハイエネルギーでの環境制御に全面的に頼る建物が増えてきた。ある庁舎では、中層建物であるにもかかわらず、役所の担当者から、窓が開くとそこから飛び降りる人が出てくるかも知れないという理由をこじつけられて、窓をフィックスにすることを要望された。窓の開け閉めといったシンプルな環境行動すら行わない、行いたくない人々が増えている。ハイエネルギーへの依存に生活者自身が慣れてしまい、ハイエネルギー消費が意識されることは少なくなってきた。

このハイエネルギー化の流れは、現在進行中、さらにいうと加速中である。しかし、歴史的に見れば、このような形でエネルギーが大量に消費されるようになったのは、ごく最近のことでしかない。歴史の中に位置付ければ、今の時代はエネルギー使用に対して異常に寛容な時代ということになるのではないか。日本において、一九九〇年前後、実体経済から離れて、見かけ上の景気に浮かれて過剰な消費が進んだバブル景気というものがあった。それになぞらえれば、現代は、本来のエネルギー消費のあり方を離れて過剰にエネルギーが消費される「エネルギー・バブル」の時代なのではないか。周知のように、日本中を席巻した実体のないバブル経済はあっけなくはじけ、その影響は思いのほか長く続いた。エネルギー・バブルの時代もほどなく、はじけるだろう。そして、長くその後遺症に苦しむことになるのかも知れない。

均質空間

02で述べたミース・ファン・デル・ローエは、ユニバーサル・スペース、すなわち均質空間という概念を唱えた。活動の制約となる構造要素（柱や壁）を極力排し、どのような用途にも対応できる、フラットな状態・空間を作り出そうとするものである。ここで目指された均質空間には、「どこでも」という場所的な均質性と、「いつでも」という時間的な均質性と、二つの側面がある。さらに、場所的な均質性には、その空間の内部が均質であるというレベルと、その空間自体がどのような立地でも成立するというレベルがある。

このように空間の均質性を巡ってはさまざまな側面・レベルがあるが、実は、活動の制約といったとき、柱、梁といった構造的・物理的な要素だけでなく、暗さ、寒さといった環境的な要素も重要な影響を及ぼす。ユニバーサリティを担保すべく制約をなくすといったとき、環境的な要素も同時に考える必要がある。活動に制約のない状態を実現するためには、どこでも、いつでも、一定の環境を担保することが求められるのである。

時間・季節を問わず一定の室内環境を実現し、それをどのような立地でも成立させるには、当然のことながら、多くの労力を必要とする。本来、さまざまな変化や違いがある（べき）環境を、フラットな環境へと均すために、傾斜地に造成をかけるがごとくの力任せの行為が必要になってくる。そこに、二〇世紀に惜しみなく消費する（ことができる）ようになった、ハイエネルギーが大きな役割を果たしたのである。

原広司は、均質空間は、一定の温熱環境を維持する空調技術に依っていたことを指摘している。逆に、それを可能とする空調技術があってこそのユニバーサル・スペースであったといえる。光環境についても同様で、人工照明の技術がユニバーサル・スペースを支え

fig25　イリノイ工科大学クラウンホール（ミース・ファン・デル・ローエ）外観、1956年

fig26　同右内観、1956年

fig27　天井面にある空調用のダクト

た。ハイエネルギーを用いて、一定の温熱環境や光環境を確保することによって、均質性が担保されたのである。つまり、均質性の担保とハイエネルギーの大量消費は、実はセットであった。ハイエネルギーの大量消費を基に成立したのが、近代建築で謳われる均質空間であったといえよう。

普遍化、スタンダーダイゼーション

このハイエネルギーを投入して世界をフラットにしていこうとする流れは、なにも建築の分野に限ったことではない。情報化と物流システムの整備を背景に、どこでも、いつでも同じ一定の状況を作り出すことが、さまざまな分野で目指される。飲食店では、チェーン化、フランチャイズ化が推し進められ、全国どこでも同じ内容の商品やサービスが同じ価格で提供される。コンビニエンスストアも同様である。日本中のコンビニで、同じおにぎりが同じ値段で提供される。ハンバーガーのように、日本国内を対象とするだけでなく、世界的なレベルでのチェーン化が進められているケースもある。

サービスを提供する側からすれば、物流コストが安い状況下では、中央で大量に仕入れ、一か所で集中的に生産・加工し、集配するほうが、効率がよい＝経済的・合理的であるという面がある。そして、エンドユーザーにしても、一定の品質の確保された商品・メニューが、低廉な価格で提供されるので、望ましいと捉えている。

しかし、当然のことながら、その普遍性は高度な物流システムに依拠している。輸送のためのエネルギーを惜しみなく費やすことで、サービスの普遍性が担保されている。さらに、この普遍化がさらに推し進められ、関税や規制などの障壁をなくし、経済や物流の自

fig28　コンビニエンスストアのおにぎり

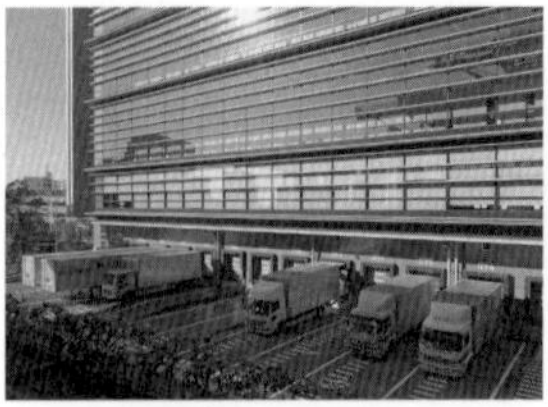

fig29　高度な物流システム
羽田クロノゲート、ヤマト運輸

由度を増すことが謳われる。普遍化は、経済性を追求していくなかで当然の流れとされているが、果たして絶対的な方向として位置付けることができるのだろうか。それに対して、しばしば地域性という観点から異議申し立てがなされるが、実はエネルギー消費の最適化という観点からも、再度検証される必要があるだろう。地球規模での普遍化、スタンダーダイゼーションを目指すということは、均質空間で世界を埋め尽くそうとするのと同じように、随分と無理があり、乱暴なことなのではないか。

環境工学と均質空間

均質空間や普遍化という動きが二〇世紀に起こり、そして広まったのは、普遍的な原理を導き出そうとする科学技術と、それを実用化するための工学的な学術志向と無縁ではない。

アカデミックな工学においては、開発された技術の効果を実証していくことが求められる。実証にあたっては、他者が追証可能なように明確かつ客観的な条件の下で行われる必要がある。

そこで、室内環境に関していえば、モデルとなる環境を定義し、それを基準として技術や評価手法の有効性が測られることとなる。目指すべきゴールは一つである方が客観性を謳いやすい。ゴールからの距離によって、一律に順位を付けられる。基準となるモデルは、アカデミックな視点からすれば、単純なものが扱いやすい。その後に続く比較検討に適している。かくして、仮想的な、そして人工的なフラットな環境が室内環境を測るための基準とされることとなる。

したがって、窓を開けて外から風を採り入れるという環境制御は、正確性を欠く、すなわち再現性を欠くものとして、アカデミックな場では室内環境の評価・検証に長く組み込まれてこなかった。風にあたる時の体感にいたっては、未だに評価の対象となりにくい。照明に関しても同様である。暗いと感じれば明かりの下に移動するという行動は組み込まれず、移動しなくても済むようにどこでも同じ明るさとすることがよりよい光環境だとされる。そもそも暗ければ、瞳孔が開くという生理的な反応も期待できるはずなのだが[※2]。

そして、実際の設計においても、そのような環境が目指された。建物中にむらなく熱と光を行き渡らせるための技術が開発され、そして実地に適用されるようになったのである。アカデミズムによって設定された単純でフラットな環境は、実証のための便宜的なものであったはずである。しかし、アカデミズムが重きを増す中で、アカデミックに評価しやすい環境こそが、目指すべき、実現すべき環境にすり替わった。いつのまにか均質環境が目標になってしまったのである。果たして、私たちが目指すべきモデルは、研究者のためのモデルと同一だったのか、疑問である。

そして、そのモデル実現のためにはハイエネルギーと機械設備の利用を前提とするので、今、環境工学の分野では、罪滅ぼしのようにハイエネルギーによる制御の効率を高める技術が開発されている。しかし、その実態は、ハイエネルギーを使った生活を前提としつつ、その効率を高めるための省エネを謳うというものである。新たな制御技術のために新たなエネルギー消費が生じる、いわばマッチポンプ状態である[※3]。その手前の段階で、エネルギーの大量消費を伴いながら均質性を目指すことの是非を問い直し、ハイエネルギーに頼った環境制御を見直すべきではないか。ハイエネルギー消費型の思考に陥った環境工学こそが、ハイエネルギー消費を推し進めているのではないか。

※2 環境学者の宿谷昌則の研究室を夕方訪れると、室内灯が点灯されておらず、学生が手元照明だけで作業をしていた。煌々と照らされている廊下から入ると、暗さにとまどった。いきなり点灯するのではなく、瞳を暗さに徐々に順応させながら、少しずつ点灯するとのことであった。

※3 省エネ行動を促すためのHEMS自体が、エネルギーを消費しているという指摘もある。

ここまで述べてきたように、均質空間はハイエネルギーの消費と対となっている。ガラス張りの空間の中に、均質な環境を内包させるという、きわめて矛盾に満ちたスタンスをいつまで取り続けるのだろうか。ひとたびハイエネルギー消費型に陥った社会構造、ライフスタイルを変えていくのは至難である。ハイエネルギーへの依存をいかに克服し、その先で何を目指すのか。しばらくはその答えを模索することとなるだろう。

均質空間の先へ、環境的なローカリティ

03で触れた日本の着物は、体型の違いやスケールを超えて、さまざまな身体活動を包むものであった。いうなれば、ミースの唱えたユニバーサル・スペースのような衣類のあり方である。一方、02で述べた視点からみれば、着物は端切れを生じさせないという生産の合理性に基づいたものともいえる。つまり、着物は生産の論理に導かれていたが、結果として機能主義、計画の限界を超えて、人間の活動におおらかに対応する可能性を示しているともいえる。果たして、着物のような建築のあり方をどのように受け止めればいいのだろうか。

ユニバーサリティは、計画の限界、機能主義の限界を超える手がかりとなろう。しかし、それを、環境的にもユニバーサルにしようとしたところに、大きな間違いが生じたのではないだろうか。エネルギーという視点を持ち込んで、再度近代建築を検証してみる必要がある。

ここで、均質空間の基となるユニバーサリティという言葉の対義語として、ローカリティという概念を考えてみたい。フラットであることを絶対的な目標とせずに、場所ごと

に異なる状態であることを許容し、またその違いを活かしていく発想である。先にフラットな環境を敷地の造成になぞらえたが、その喩えでいえば微地形や斜面に寄り添うような建築のあり方である。建物の内外に存するローカリティを拾い出していく場合もあれば、より積極的にローカリティを作り出していく場合もあるだろう。それは、02で述べた外部環境を活かしていこうという視点とも重なる。そして、そこではハイエネルギーの効率的利用もさておき、ローエネルギーの活用に焦点が当てられるはずである。ローエネルギーの活用をベースとして、ローカリティをデザインしていく「ローカライゼーション」という発想に立ってみることに、解答のひとつの糸口があるのではないか。

近代建築の相克というと、まずインターナショナルスタイルに対するリージョナリズムといった形で、地域性を生かした建築といった文脈で語られる。そこでは、主として素材や構法といった「作り方」のレベルでの地域性が取り上げられる。それもさることながら、より微細なレベルでの環境の場所性に意識を向けることで、近代建築の先につなげられるのではないだろうか。そこでは、わずかな環境上の地形を感知するデリケートさ、環境的な地形を生み出す微弱で繊細なローエネルギーを読み取るリテラシーが必要とされる。設計者には、外部環境へのセンサーを働かせ、微妙な場所性や違いをピックアップし、違いを許容し、そしてデザインしていく姿勢が求められる。

最近では、経済の分野でもグローカルという言葉や、シンク・グローバル・アクト・ローカルといったフレーズがしばしば用いられる。建築における環境上のローカリティのあり方を考えてみる時期に来ているように思うのである。エネルギー・バブル時代の申し子である二〇世紀の近代建築を、これからどのように超えていけばいいのだろうか。それが問われている。

Nomadic Life on Energy Geometry

Nomadic Life on Energy Geometry

2011年のUIA東京大会にあわせて開催された「東京2050」と題された東京の近未来像を探る展覧会への出展作品である。町工場と住居が混在する東京都大田区蒲田を題材に、地域内の微気候を拾い出し、それを増幅させていくようなまちのあり方を描き出している。海からの涼風が遡上する川沿いの空き地において、誘導的に緑化を行うことでクールエリアを作り出し、「夏の家」が連なる「夏のまち」を形成する。街区の中央部には工場を残し、集約し、その排熱を利用することでウォームエリアを作り出し、「冬の家」が連なる「冬のまち」を形作っていく。増幅された気候を活かして、人々は遊牧民のように、季節に応じて快適な場所に移ろいながら暮らしていく。地域内にある微気候によるローカライゼーション、そしてそれに伴う環境行動をベースとした住まい方、およびまちの提案である。

This work was displayed at an exhibition entitled "Tokyo 2050" held in conjunction with the 2011 UIA Tokyo Convention to explore the near future of Tokyo. Based on the situations of Kamata, Ota-ku, Tokyo, where small factories and residences coexist, we depict the way of the town that picks up the microclimate in the area and amplifies it. In a vacant lot along the river where the cool breeze from the sea runs up, a cool area is created by inducing greening, forming the "Summer Town" with a series of "Summer Houses". Small factories are left in the central part of the block, and the waste heat from them are used to create a warm area, forming the "Winter Town" with a series of "Winter Houses." Taking advantage of the amplified climate, people move and live in comfortable places according to the season, like nomads. It is the proposal of the way of habitation and the town based on the localization by the microclimate in the area and the accompanying environmental behaviors.

2011年

小泉雅生＋門脇耕三＋猪熊純
首都大学東京都市環境科学研究科
小泉研究室

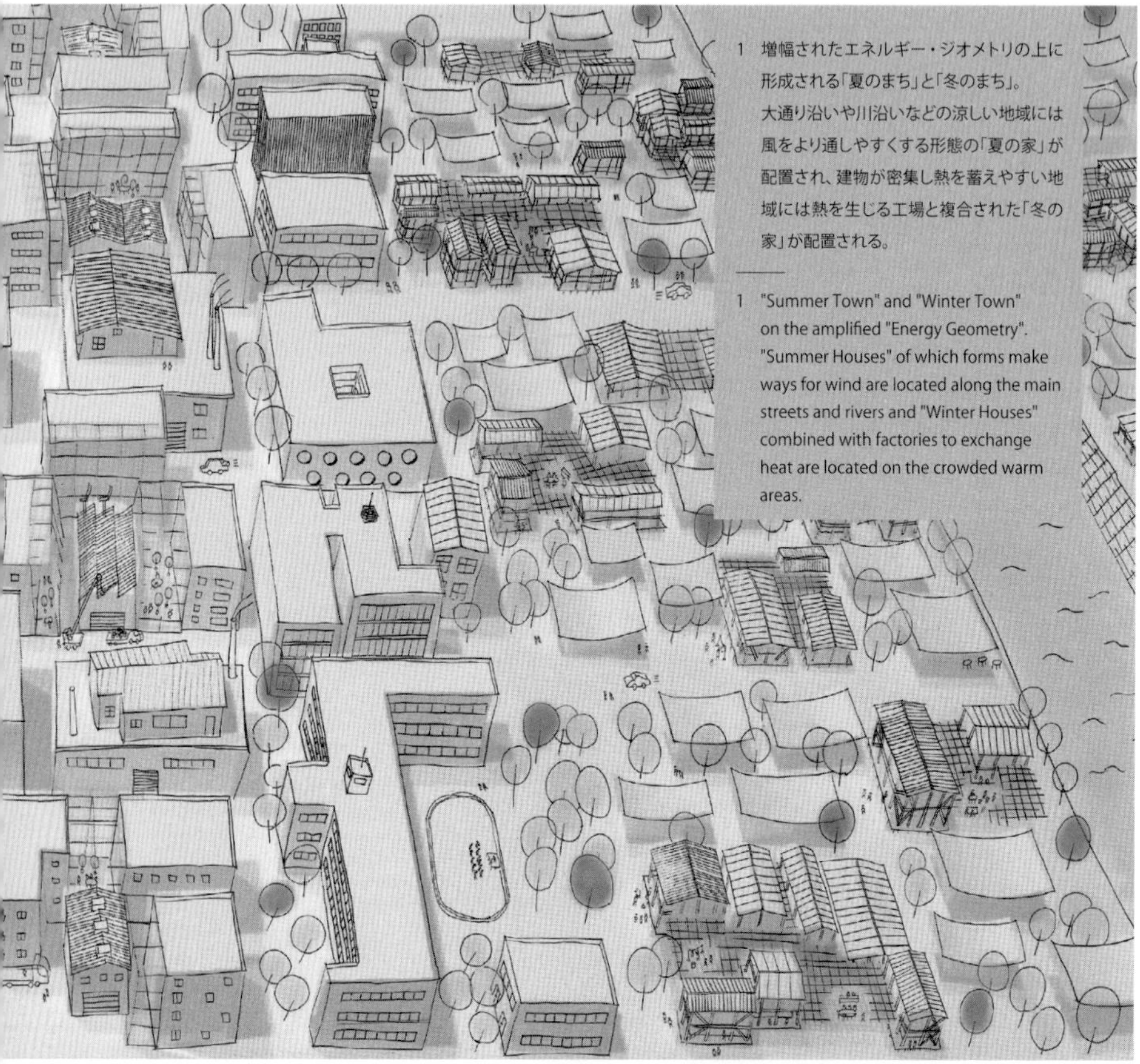

1 増幅されたエネルギー・ジオメトリの上に形成される「夏のまち」と「冬のまち」。
大通り沿いや川沿いなどの涼しい地域には風をより通しやすくする形態の「夏の家」が配置され、建物が密集し熱を蓄えやすい地域には熱を生じる工場と複合された「冬の家」が配置される。

1 "Summer Town" and "Winter Town" on the amplified "Energy Geometry". "Summer Houses" of which forms make ways for wind are located along the main streets and rivers and "Winter Houses" combined with factories to exchange heat are located on the crowded warm areas.

4 既存の住宅が改修されてできる「夏の家」。開放的なつくりの家で人々はおおらかに暮らす。屋外に新たに架けられた屋根は人々が集う場所を提供するとともに、風を呼び込む翼としても機能する。

4 Open life in "Summer Houses" to which existing wooden houses were renovated. People gather under the new roofs in the open air which call wind in "Summer Town.

5 工場と身を寄せ合うように建つ「冬の家」。工場からの排熱を積極的に利用する。熱容量の大きいRC造の集合住宅として建設され、共用部はガラス屋根で覆われ、熱を蓄える。

5 "Winter Houses" combined with factories and constructed as concrete residential buildings to increase heat capacity. The glazed roofs on the common corridors gain solar heat.

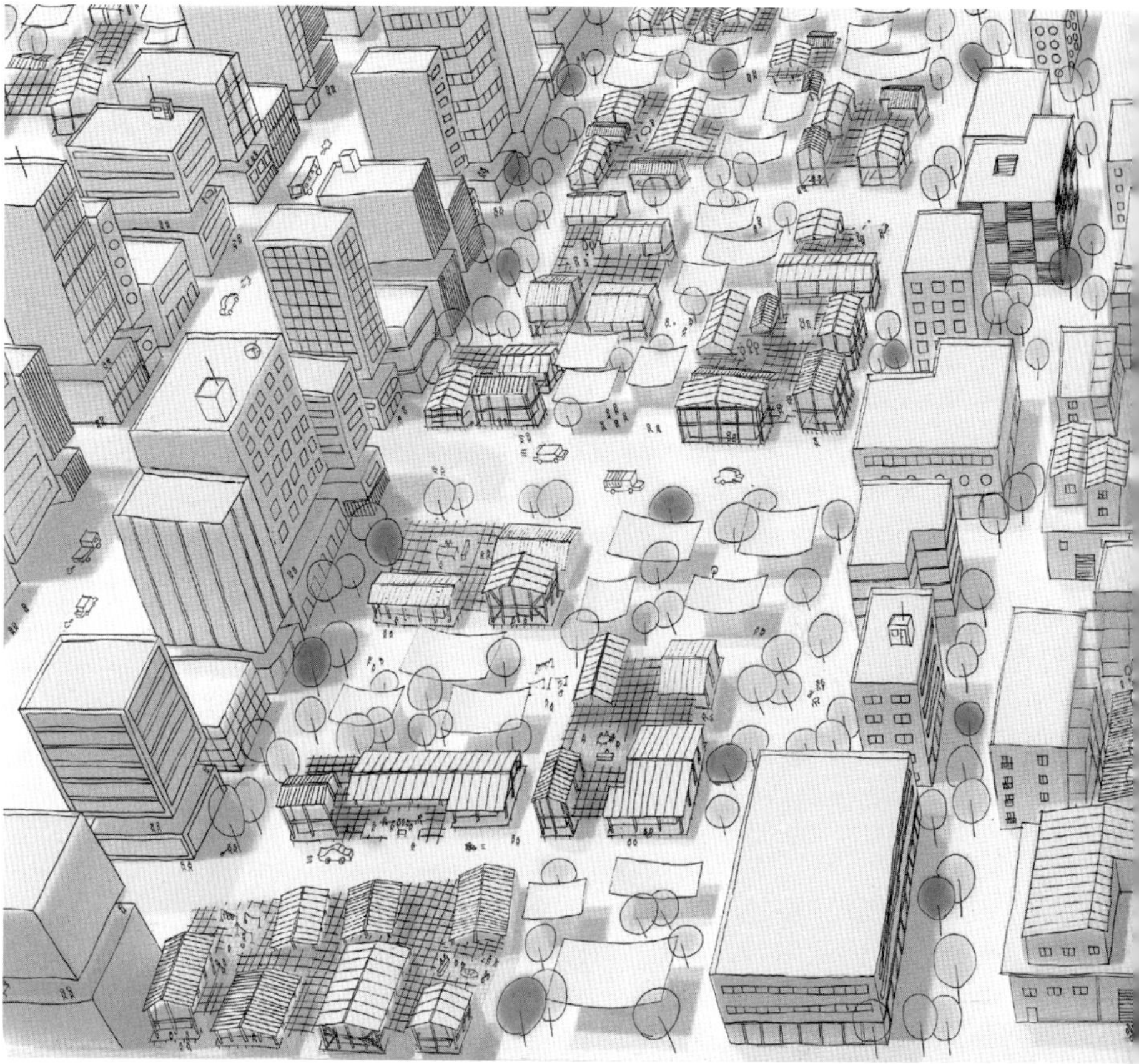

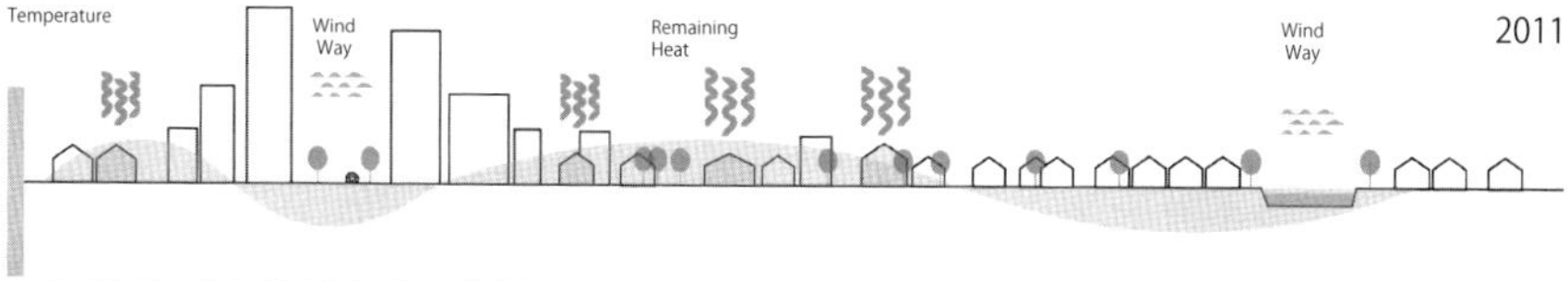

2 2011年現在の都市の断面ダイアグラム。地勢や風の通りによってわずかな気候的な差異（微気候）が認められる。

2 Urban sectional diagram in 2011. There are slight differences of temperature caused by the geometrical features and passages of wind.

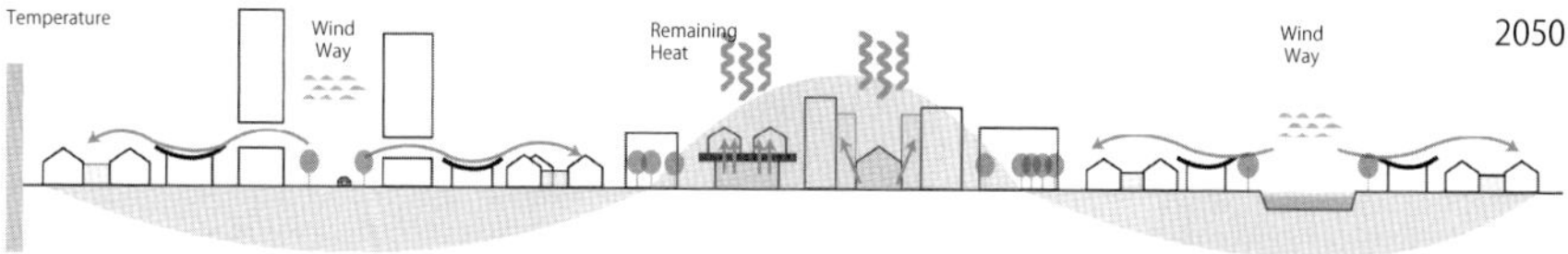

3 2050年の都市の断面ダイアグラム。大通り沿いや川沿いはより風が抜けるように、密集する街区はより熱を溜め込むように、建物の形態は誘導的にコントロールされ、エネルギー・ジオメトリが増幅される。

3 Urban sectional diagram in 2050. The form of buildings would be controlled to amplify the differences of temperature in urban area, that we call "Energy Geometry".

05

シャープエッジから滲んだ境界へ
——サステナビリティと耐久性

開放系と閉鎖系

ミースのファンズワース邸の計画案に触発されたアメリカの建築家フィリップ・ジョンソンは、一九四九年、ミースより一足先に、同様に四周をガラスで囲まれた形式の「ガラスの家」を実現した。矩形平面の中央部に水回りが置かれただけの、きわめてシンプルな箱状の建築である。屋根を支えるフレームは黒く塗られて木立の中に溶け込み、一見しただけではどこに内部空間があるのかよくわからないような建築となっている。このガラスの家を訪れたフランク・ロイド・ライトは、「ここで、私は帽子を取るべきなのか、あるいは被ったままでよいのか。」と問うたと言う。室内では帽子を取るのが作法だが、家の中なのか外なのかよくわからないようなたたずまいに当惑したということであろう。短いながらも、この建築の開放的な設えを見事に突いたコメントである。ガラスでくるまれた箱状の建築は、厚い壁でしっかりと守られたそれまでの建築のあり方とは大きく異なる、新しい建築の有り様を示すものであった。

fig30　ガラスの家、1949 年

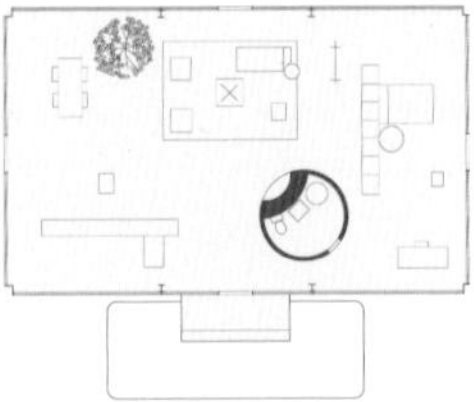

fig31　同右平面図、1949 年

建築批評家であるレイナー・バンハムは、著書『環境としての建築』[※1]において、温熱環境の観点から、「保存型」と「選択型」と二つの建築の型を取り上げている。「保存型」とは、外からの熱の影響を避けると同時に、中から発生する熱をできるだけ外にもらさないようにしていくスタンスである。一方、「選択型」とは、太陽の熱や風を必要に応じて取捨選択し、コントロールしながら環境調整を行っていくスタンスである。バンハムの分類による「保存型」という考え方は、しっかりと内部空間を守る「閉鎖系」の空間へと結び付き、「選択型」の考え方にのっとれば内外を連続的に設える「開放系」の空間へとつながっていく。それぞれ北方寒冷地系での住宅の考え方、アジアのような夏季の蒸暑地域での住宅の考え方に通じるものである。もちろん、どちらが優れているということではなく、その地の気候風土に合わせた選択がなされるべきである。P・ジョンソンの「ガラスの家」は、内外を連続的に捉える「開放系」のスタンスに立ったものと理解されよう。

この閉鎖系と開放系という温熱環境に関わる空間の設え方に対する二つのスタンスは、建築と周囲の関係の構築方法、具体的にいえば建築の境界面のあり方についても援用できる。建築と屋外環境とが接触するところ、すなわち外部との接点を最小限として、外からの影響を受けにくくして、しっかりと内部を守ることを重視する境界面の考え方と、逆に外部との接点をできるだけ多く設け、外部との応答性を持たせることを目指す境界面の考え方である。周囲の悪影響から身を守ろうとするディフェンシブなスタンスと、周辺との関係を築こうという積極的なスタンスの違いといってもいいだろう。

P・ジョンソンの「ガラスの家」は、四周をガラス張りとして、無防備なほど周囲に対して開いているように見える。建築にディフェンシブな役割を期待する人からすれば、帽子やコートを脱ぐことがはばかられるだろう。しかし、視覚的な「開放性」を優先する裏

※1　『環境としての建築』
レイナー・バンハム著
鹿島出版会、一九八一年

側で、無理はなかったのだろうか。そもそも、四周をガラスで囲まれた建築は、本当に開放系の建築を目指したものだったのだろうか。内部と外部、あるいは建築と周囲の関係はどうあるべきなのか、そしてそれを可能とする建築の外表面とはどのようなものなのか、考えてみたい。

コーティングされた建築と耐候性

まず、閉鎖系のスタンスを取る建築をみてみよう。外からの影響を受けにくくするという方向性からは、シビアな気候条件にさらされる外表面積をできるだけ少なくすることが目指される。そして、その素材自体も影響を受けにくい境界面―外皮とすることにつながっていく。すなわち、閉鎖系の考え方を取れば、耐候性の高い素材でできるだけコンパクトにくるむ方向へと至る。その目指すところは、ひと言でいえば長持ちする建築である。

近代以降、建築の性能を高めていく流れの中でのひとつの目標が、長寿命化であった。そこで、これまでに材料学や建築構法の分野では、各部材の長寿命化を図り、更新に関わる手間や費用を削減することが追究されてきた。建築のライフサイクルコスト（LCC）においては、維持管理・メンテナンスの占める割合が小さくなく、LCC縮減のためには、外皮をできるだけ耐候性・耐久性の高い材料とし、床面積当たりの外表面積を抑えていくことが有効だとされる。耐候性の高い材料とは、紫外線や熱・雨に対して長く安定した性状をキープし、朽ちにくいものである。そして、床面積当たりの外表面積を減らすことからは、不要な凹凸をなくしたシンプルでキュービックな形態が導き出される。

実は、近代建築に特徴的な、金属パネルやガラスで覆われた、装飾を排したシンプルな四角いビルは、まさにこの長寿命化の流れに沿っている。ガラスは錆びないし腐ることもない。さらに、大判のパネルとすることも容易だから、目地を減らし、外表面を手早くくるむのに都合がよい。ガラスでくるまれた、いうなればコーティングされたプレーンなヴォリュームは、建物の長寿命化という点では間違いなく優れている。アルミパネルだとしても、素材の特性こそ異なれ、同じ発想に基づくものといえよう。それまでの羽目板やレンガで構成された外壁に比べれば、はるかにメンテナンスが容易なものとなる。

すなわち、「近代的」とされる建築においては、新たに開発され、普及した工業材料を使い、建築「物」としての永続性を高めていくことが目指されていた。しかし、朽ちることがない（朽ちにくい）ということは、換言すれば、自然に還りにくいということでもある。木造住宅なら、コンクリート製の基礎を除いて朽ち果てていくが、ガラスやアルミでコーティングされた建築は、屋外環境の中で異質なものであり続ける。これまで、長寿命化という概念は、向上すべき建築性能としてポジティブに認識されてきたが、周辺環境との長期的な関係を考えてみれば、別の姿が見えてくる。

ポーラスな建築とバンダリズム

次に、開放系の建築をみてみたい。周囲との親和性を高め、環境の中に溶け込ませるような境界面とすることで、周辺へのインパクトを軽減していこうという建築である。外形でみれば、触手を伸ばすように、凹凸や起伏を多く持たせ、物理的に周囲との接点、接触面を増やしていくという発想である。閉鎖系の建物がコンパクトに内部空間をくるもうとするのと、逆のスタンスといえよう。

fig32　ガラスで囲われたビル（クリスタルタワー）、1990 年

fig33　残されたコンクリート製の基礎

ドイツ北部の都市ハノーヴァーにおいて、二〇〇〇年に、環境万博を謳う国際博覧会が開催された。その博覧会で注目を集めたパビリオンが、オランダの建築家集団ＭＶＲＤＶによって設計がなされたオランダ館である。建物は断面的に分節化され、中間層に空中の庭園がサンドイッチされている。平面で見れば、中央に整形の展示空間が確保され、その外側にエレベータや階段といった動線が取り付いている。結果として、床面積に対して外表面積の割合が非常に大きな建築となっている。展示を見ながら移動していく中で、平面的にも、断面的にも、至る所で屋外空間と出会う仕掛けが施されている。コンパクトに充填されたマッシブな建築とは、対照的なポーラスな建築である。従来型のブラックボックスとしての展示空間の考え方とは、大きく異なっている。環境をテーマとして自然との共存を図ることを、見事に空間図式に翻訳した建築といえよう。

このオランダ館は、高さがあることもあり、ハノーヴァー博のシンボル的な存在となっていた。しかし、万博の会期終了後は、それほど幸せな状況にあるわけではないようである。市としては、周辺をＩＴ関連の産業が集積した街へと変容させることを目指していたようだが、いくつかのパビリオンがショールームやレセプション的に用いられているものの、オランダ館は閉鎖されたままで現在に至っている。しかし、閉鎖されてはいても、外界との接点が多いことが徒となり、いろいろなところから、あまたの人や動物の侵入を許し、汚損、破損が目立つ状態となっている。影響というような生やさしいモノではなく、ストレートにいえば攻撃を受け、現在では、廃墟のような姿をさらしている。線路際に廃墟として佇む姿は、美しいともいえるのだが……。そもそも、隙間を多く抱え込み、破れている建築は、はなから廃墟的であったという言い方もできるのかもしれない。

fig34　オランダ館、2000年

fig35　同右

光触媒作用のある酸化チタン（TiO_2）の技術に関わる実験棟である。超親水性を示す酸化チタンを外壁パネル・ガラス面に塗布しておき、そこに水を流して、建物全体を薄い水膜でくるむことが目論まれている。建物表面温度の上昇を防ぐことによる周辺への影響の低減、室内環境の改善についての実測が行われた。サーモカメラを通して外壁を見ると、表面温度の上昇が抑えられ、周囲の風景の中に溶け込んでいる様子がうかがえる。条件を変えた外壁パネルを比較検討するため、同一形状の計測室が二層に重ねられている。計測室をつなぐ階段は、12 mmの鉄板を折板状に組み合わせて形作られた地形の上に設けられている。

A experimental building related to photocatalyst (TiO_2) technology. It is planned to wrap the entire building with a thin water film by applying titanium oxide, which shows superhydrophilicity, to the outer wall panel and glass surface and water flow on it. Actual measurements were taken on the reduce of the impact on the surrounding area by preventing the building surface temperature from rising and on the improvement of the indoor environment. Looking at the outer wall through a thermo camera, it can be seen that the rise in surface temperature is suppressed and it blends into the surrounding landscape. In order to compare and examine the outer wall panels under different conditions, measurement rooms of the same shape are stacked in two layers. The stairs connecting the measurement rooms are installed on the terrain formed by combining 12 mm steel plates in a folded plate shape.

2004年
小泉雅生／C+A

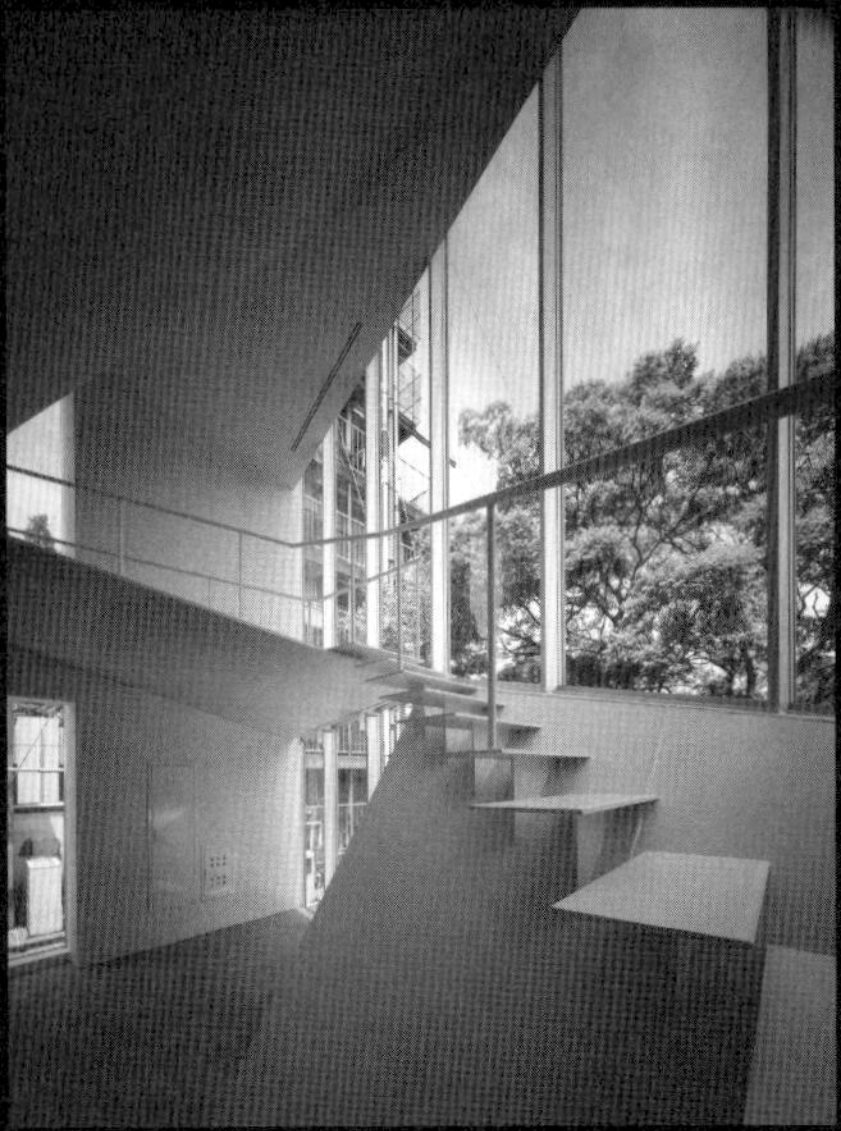

鉄板を組み合わせた階段

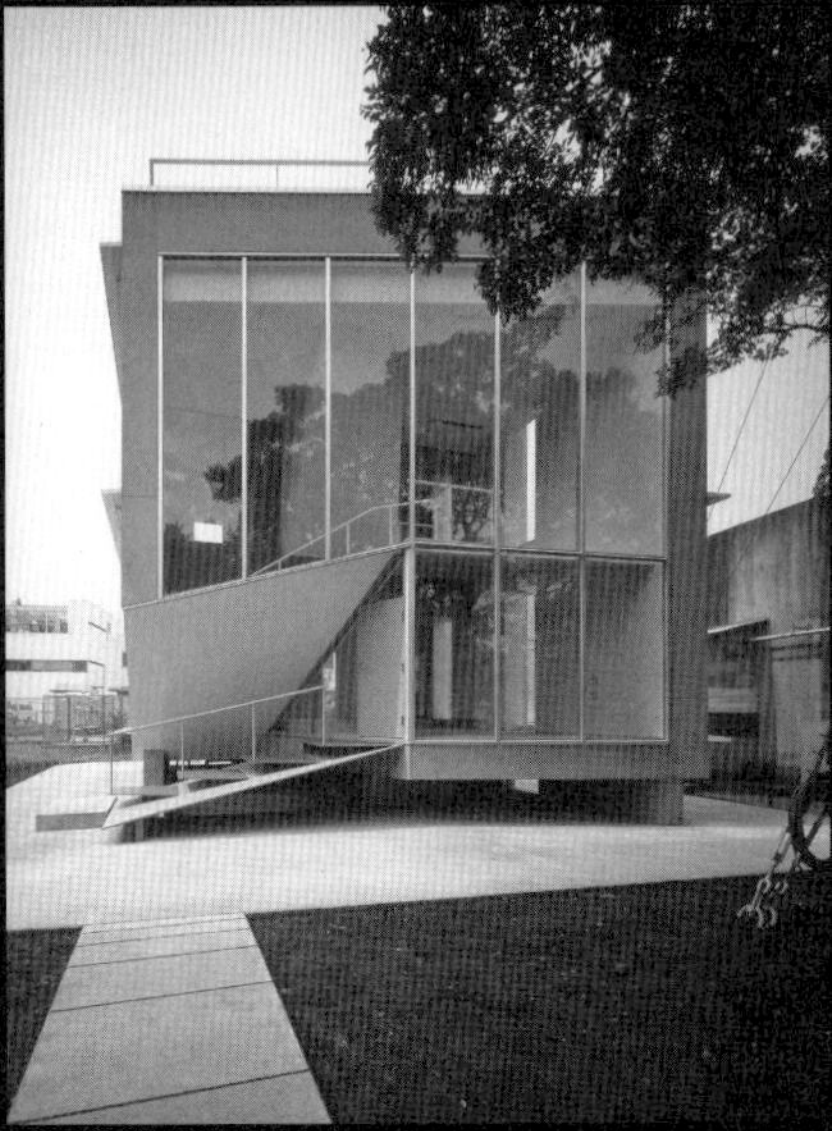

外観

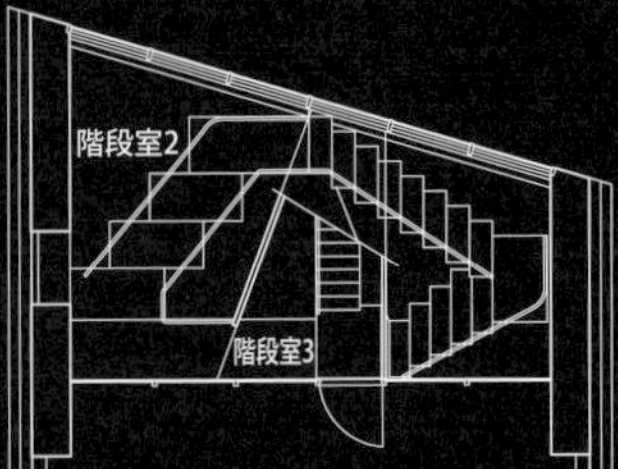

2階平面図　S=1：200

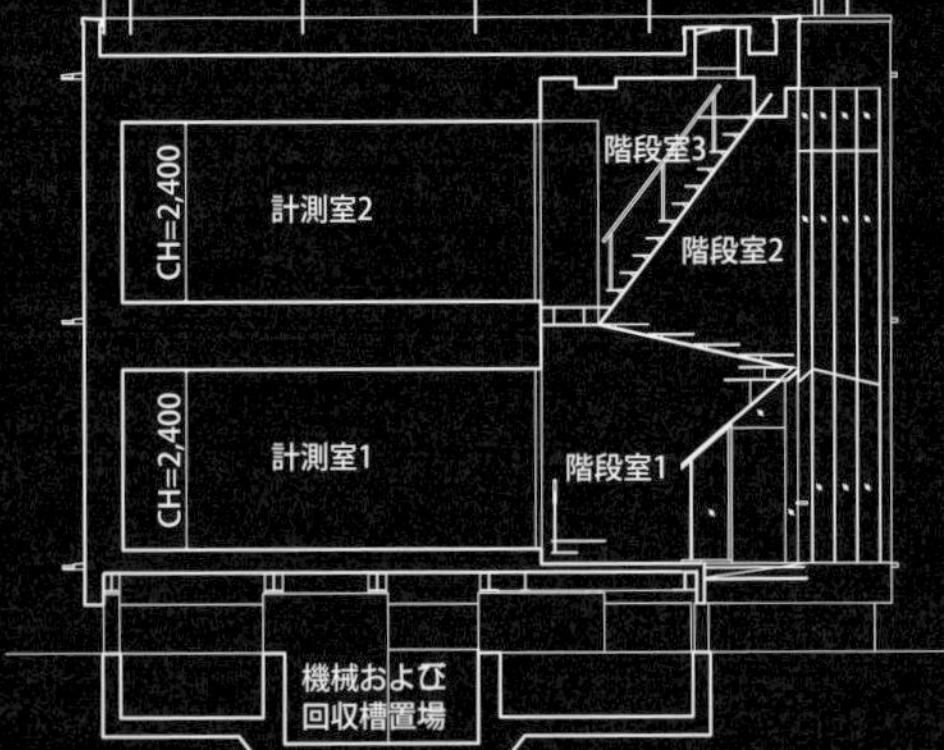

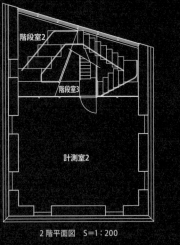

水や緑をまとう建築

もう一つの開放系のスタンスに立った境界面の考え方として、周辺との親和性を持った素材で建築の表層を構成しようというものがある。耐候性の高い素材で手早くコーティングするという発想から離れ、よりミクロなレベルで親和性を捉えるスタンスである。

ハノーヴァー博に続く国際博覧会として、二〇〇五年に愛知県において、愛・地球博が開催された。ここでは、博覧会のテーマとして「自然の叡智」が掲げられ、会場構成においてもさまざまな環境への配慮がなされた。多くのパビリオン建築は、環境配慮の証とでもいうように、水や植物を身にまとっていた。人間の身体の六〇%は水でできていることからわかるように、水分は生物の生命維持に重要な役割を果たす。建築という人工構築物が自然との共生を図るにあたって、水そのものや体内に多くの水分を含む植物を身にまとおうとするのは当然の帰着なのかも知れない。夏季にサーモカメラで街の表面温度を計ってみれば、樹木や水面は表面温度が低く抑えられ、屋根や外壁といった構築物は風景の中で高温の「島」として浮かび上がってくる。水は、比熱が大きいために、その存在により、外部に与える温熱環境上の影響を軽減できる。水分をまとうことで、建築物自体が生命体のような振る舞いをする。かくして「環境共生」を目指した建築において、水や植物を使うことは約束事のようになっているのである。

しかし、いままで建築においては、水はできるだけ持ち込むべきではない存在であった。「雨仕舞い」「水切り」という用語からわかるように、外から雨や水がかかったとしても、できるだけ速やかに「仕舞い」「切る」、すなわち排出すべきであり、建築に長く水をとどめおかないのが建築の作法とされた。なぜかといえば、水の存在によって金属が錆び、木

fig36　愛・地球博　三井・東芝館、2005年

fig37　愛・地球博　長久手日本館、2005年

材が腐朽するなど、建築の耐久性に対してマイナスの働きをするからである。水を長くとどめおく建築は朽ちやすい。壁面緑化というと聞こえはいいが、「苔むした建物」という表現からは、朽ちかけた建物がイメージされる。つまり、水をまとうことで、周辺環境になじむ建築となると同時に、耐久性に関わる課題を背負うこととなる。寿命という点でも、建築が生命体のように振る舞うことになるのである。

近年では、いろいろな場面で、自然由来の素材である木材を、建築の構成部材として用いることが謳われる。木材は成長過程でCO_2を固定するので、廃棄時を含めてCO_2に関わる環境への影響が少ない材料である。また、多孔性の素材なので、ある程度の遮熱性や断熱性・吸放湿性が期待できるといったメリットもある。環境との親和性の高い素材といえる。しかし、当然のことながら、木材は素材の特性として耐久性に難がある。湿度の低い状況下ではさておき、アジアのような蒸暑地域では、継続的にメンテナンス、さらには更新していくことを前提とせざるを得ない。社寺建築などの伝統建築は木造であっても長寿命であるといわれるが、それは絶え間ない部分更新の結果である。もちろん、塗装を工夫して耐候性を高めるということも考えられるが、限界はある。やはり、安定した性能を持つ工業材料とは異なる考え方をせざるを得ないだろう。

サステナビリティと耐候性と周辺環境

空隙の多いオランダ館は、外部からの侵入者によるバンダリズムに苦しむこととなった。表層に水や木をまとえば、耐久性に難が生じる。外との接点が多いということは、当然のことながら外からの影響、場合によっては悪影響をも受け容れざるを得ない。つまり、

fig38　苔むした茅葺き屋根(川崎市立日本民家園)

fig39　部分更新された柱
(江川邸)

外部との接点を大切にした建築—周辺環境との共存を図る建築は、いろいろなレベルで朽ちやすい。一方、外からの影響を避ける発想からは、耐久性が高いが外部との接点が少ない、すなわち究極は周辺環境との関係を拒む建築が導き出される。つまり、建物の物理的な耐久性・耐候性と周辺環境との共存・配慮は、単純には両立しない。むしろ、相反する場合も多い。実は、物理的な耐久性を高めることも周辺環境との共存を図ることも、いずれも現代において重視されるサステナビリティ（持続可能性）という概念に深く関連している。建築を長持ちさせられれば、それはストレートに建築の持続性を高めることにつながる。さらに長寿命化の結果、解体に関わる廃棄物が減り、新たな建設資材を必要としなくなれば、マクロな地球環境への負荷の削減につながる。一方で、新たに建設される構築物を周辺と違和感なくなじませることができれば、周辺への影響・負荷を減じ、長く良好な関係を維持することにつなげられる。いずれも持続可能な社会の構築に貢献するだろう。

建築の境界面において、ディフェンシブな構えを取るのか、親和する方向性を選ぶのか、いずれの形のサステナビリティを目指すのか、どちらのスタンスを取るのかが問われることとなる。ガラスでくるまれた「開放的な」近代建築は、確かに内外の視覚的な連続性を重視しているが、手早くコンパクト、シンプルにコーティングしようという姿勢からは、周辺との関わりを見いだすことは難しい。無防備ともいえる視覚的な開放性を補うために、ライトは帽子が必要だと主張したが、実際には外からの熱の影響を避けるハイエネルギー利用の設備機器というもうひとつの鎧も必要となる。必ずしもバンハムのいうところの選択的な—開放系の環境制御が目指されていたわけではない。周辺への回路を閉じているにもかかわらず、視覚的な情報を優位に捉え、開かれた建築であると皆が勘違いをしていただけなのではないだろうか。

滲んだ境界

閉鎖系のスタンスを取るか、開放系のスタンスを取るかは、単純なようで、極めて微妙な難しい問題である。学校建築においても、塀を高くして門扉を閉ざしてセキュリティを確保しようする動きがある一方で、むしろ地域に開くことで地域住民の目による見守りを期待できるとする考え方もある。ガラス張りの近代建築に無理があるからといって、壁でふさいでしまえばいいという話でもないし、さらに開口部を開閉可能とすれば解決するわけでもないだろう。

ここで見直すべきは、単純に一本の線上で、開くか閉じるかを議論しているということではないだろうか。近代建築以降、ミースの唱えた〝Less is more〟というテーゼのもと、建築をできるだけシンプルで単純な構成とすることが目指された。サッシの見え掛かりはできるだけ絞ってスレンダーなものとして、ガラス自体にも断熱性能や遮熱性能を付与して性能を向上させ、少ない構成要素で成立させる方向へと進んできた。喩えるならば、極細のシングルラインで建築の輪郭を描こうとするようなものである。結果として、開くか閉じるかは、その細い線上で記述されるようになった。しかし、人間の身体を包む衣服を見てみれば、コート、ジャケット、シャツ、下着といった何段階かの衣服によって、外部から守られている。いくつかの機能を果たす衣類がレイヤーとして重ねられ、身体は段階的に外部とつながっている―隔てられている。建築においても、同様の境界面の構成が考えられるべきだったのではないか。すなわち、建築と外部との接点となる表層を単純化して、細い線上で捉えようとしたことに無理があったのではないか。

コーティングされたツルツルな表面ではなく、また単に水分をまとわせたり木材でくる

fig40　重ね着

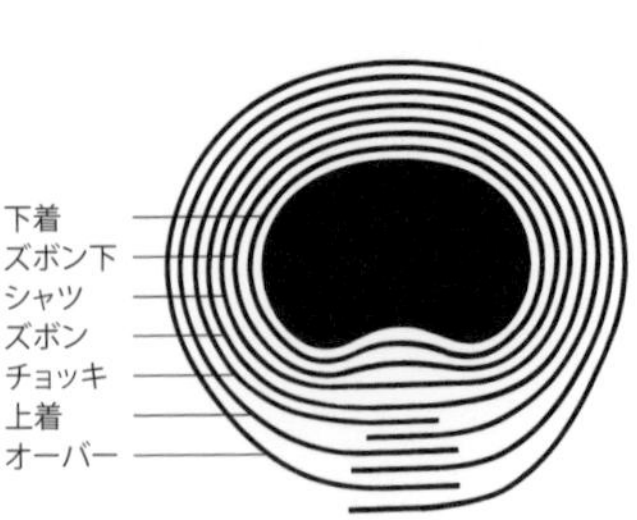

fig41　重ね着（男のみぞおちの7つのおおい）

んだりするのではなく、ある深さ、厚み、あるいは重なりを持った境界と捉えていくことは考えられないのだろうか。近年、いくつかの役割を持ったレイヤーを重ね、彫りの深い表情をもたせようと意図した建築が散見される。隈研吾の作品には、ファサードにルーバー状のエレメントが付加されたものが多い。必ずしも環境配慮といった明快な意図があるわけでもなく、単にガラスの箱に対する差異化を図りたいという意味合いもあるだろう。あるいはシンプルな箱に、作家性をオーバーレイするという戦略的な手法から導き出されたものかもしれない。しかしそこに、建物の表層を多層で構成しようという一貫した姿勢が読みとれる。

これらの試みは、喩えるならば、シャープなくっきりとした線で建物の輪郭を描くのではなく、幅を持った、いわばにじんだ線で輪郭を描こうとするようなものである。その幅の広さ、滲みの中で、周辺環境と良好な関係を築き、共生していこうという発想である。もちろん、きれいにコーティングされた建築と比べれば、「余計」な付加物が付いているので、ルーバーの背面に鳥が巣を作るかも知れないし、蜘蛛の巣が張られるかも知れない。しかし、そういった生き物を宿すということ自体が、環境との親和性が高められた結果ともいえる。

近年では、ガラス張り建築の環境性能を向上させるべく、ダブルスキンにしたり遮熱ガラスを使ったり、「モダン」な建築の性能を高めるファサードエンジニアリングが隆盛している。しかし、それはジョンソンのガラスの家がはらんでいた矛盾を、技術で覆い隠そうとしているに過ぎない。建築と外界との接触面をどのようにデザインするのか、考えるべきことは多い。耐久性の向上、環境負荷の削減というキャッチフレーズに寄りかかって、思考停止をさせてはいけない。

fig42　馬頭広重美術館（隈研吾）、2000年

fig43　ダブルスキンの建物（竹中工務店東関東支店ZEB化改修）、2016年

Auditorium Clea Kounosu

鴻巣市文化センター

2000年
小泉雅生／C+A

郊外に建つホール建築である。1,300席の大ホールが必要とするマッシブな建築的ヴォリュームを、公園に隣接し、戸建て住宅地が拡がる風景のなかで、どのように周囲になじませていくかがテーマとなった。インパクトの大きい大ホールを敷地の中央に配し、レストラン、ギャラリーといった低層の市民利用施設を公園沿いとして、「ロ」の字型と数字の「7」字型のヴォリュームを組み合わせた全体構成を導き出している。次に、諸機能が必要とする天井高さをスムーズに曲線でつないでいくことで、緩やかな丘のようなスカイラインを生み出している。そのようなプロセスで導き出された柔らかなヴォリューム形状を、溶融亜鉛メッキのグレーチングのレイヤーを300mmピッチで積層したものとして表現している。

グレーチングのブレードは、重なり合ってモアレを生じヴォリュームのエッジをぼやかし、壁面に迷彩模様のような影を落とす。存在感・圧迫感を和らげられた巨大なヴォリュームが、郊外の風景の中で、蜃気楼のように不思議な存在感をまとって立ち現れてくる建築である。

A hall architecture in a suburban area. The theme is how to adapt the massive architectural volume required by the 1,300-seat hall to the adjacent park and the landscape of a detached residential area. Firstly, the large hall with the greatest impact is placed in the center of the site, then low-rise public facilities such as restaurants and galleries are located along the park, and the overall composition is derived by combining the hollow square shaped volume and 7-shaped volume. Secondly, by smoothly connecting the ceiling heights required by various functions with curves, a gentle hill-like skyline is created. The volume shape of the soft curved roof derived in such process is expressed as a stack of hot-dip galvanized grating layers at a pitch of 300 mm.

The grating blades overlap to create moiré, blurring the edges of the volume and casting camouflage-like shadows on the walls, softening the presence and oppression of the huge volume. A huge volume appears in the suburban landscape with a mysterious presence like a mirage.

外観

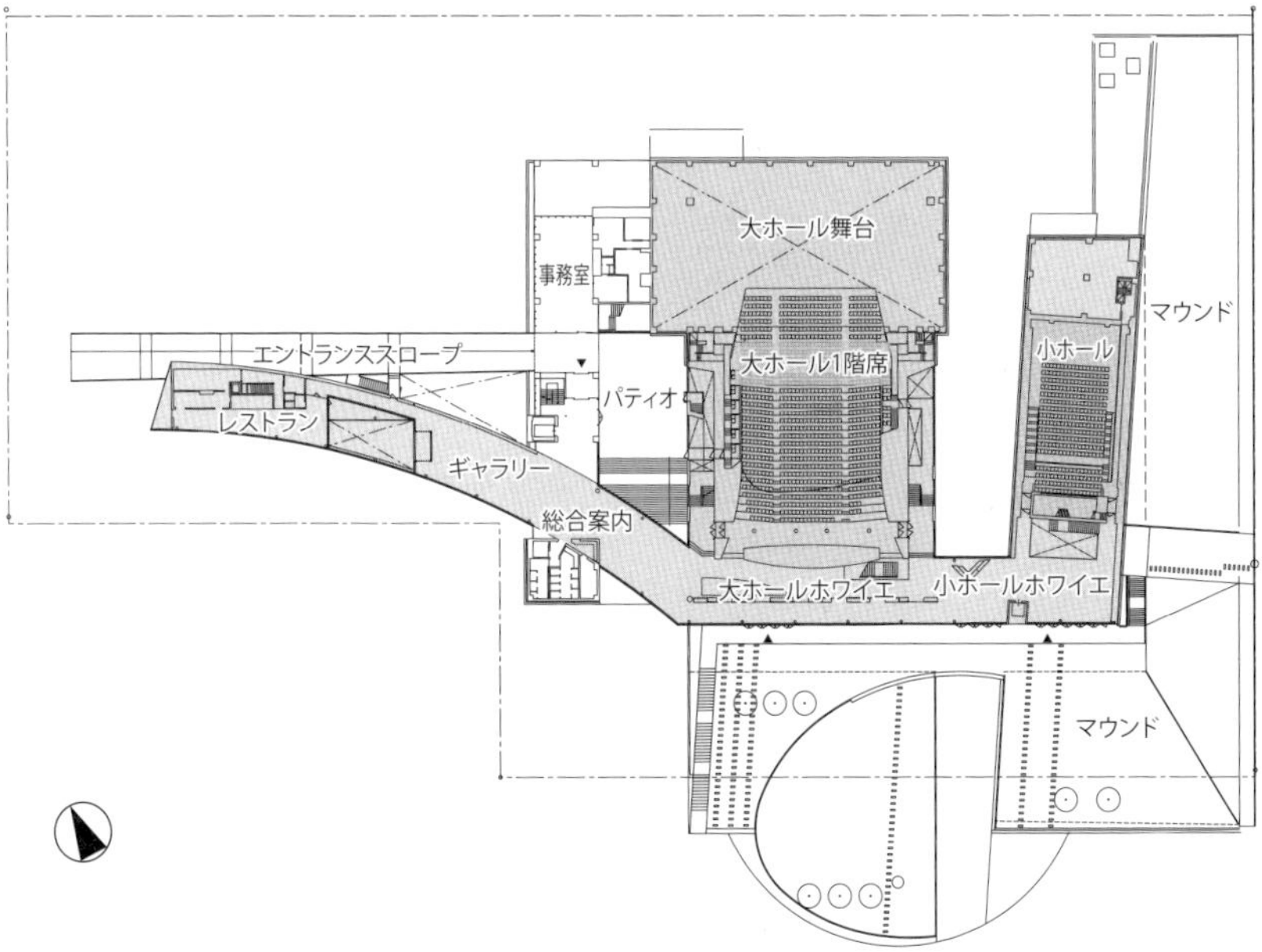

2 階平面図　S=1：1,600

300mm ピッチの外壁ルーバー

丘のようなスカイライン

小ホール前のホワイエ

小ホールと大ホールの間のパス

Konan Ward Office and Fire Station

港南区総合庁舎

2017年

小泉雅生／小泉アトリエ

区役所と消防庁舎、保健福祉センターからなる複合庁舎である。周辺から突出する大きなヴォリュームを、3階レベルの大庇で垂直方向に分節化し、水平方向にも屋上庭園のあるテラスによって分節化している。南面にはライトシェルフとメンテナンスバルコニーを各層にそれぞれ設け、日射を制御し執務空間の安定的な光環境を実現している。西面には日射遮蔽のための有孔ルーバーが、外壁の外側に緩く弧を描くような形で設けられている。建物ヴォリュームが分節化され、環境制御の役割を担うアタッチメントが取り付けられることで、外部に対して、彫りの深い表情を生み出している。

災害時の拠点施設となることから、免震構造が採用されている。また、近くを通る地下鉄トンネルの湧水を熱源とした空調システムが提案されている。

A Complex government building consisting of ward office, fire department, and health and welfare center. The over scale volume from the surrounding area is segmented vertically by a large eave on the third floor, and horizontally by a terrace with a roof garden. On the south side, a light shelf and a maintenance balcony are installed on each layer to control sunlight and realize a stable light environment in the office space. On the west side, a perforated louver for shielding sunlight is provided in a gentle arc on the outside of the outer wall. It segments the volume of the building, and attachments on it that play a role of environmental control create the deeply carved look to the outside.

A seismic isolation structure is adopted because this building is a base facility in case of disasters.
In addition, an air conditioning system that uses the spring water of a subway tunnel nearby as a heat source is proposed.

垂直・水平方向に分節化された南面外観

西面に取り付けられた外付けルーバー

ライトシェルフとメンテナンスバルコニー

南西面外観

有孔ルーバー

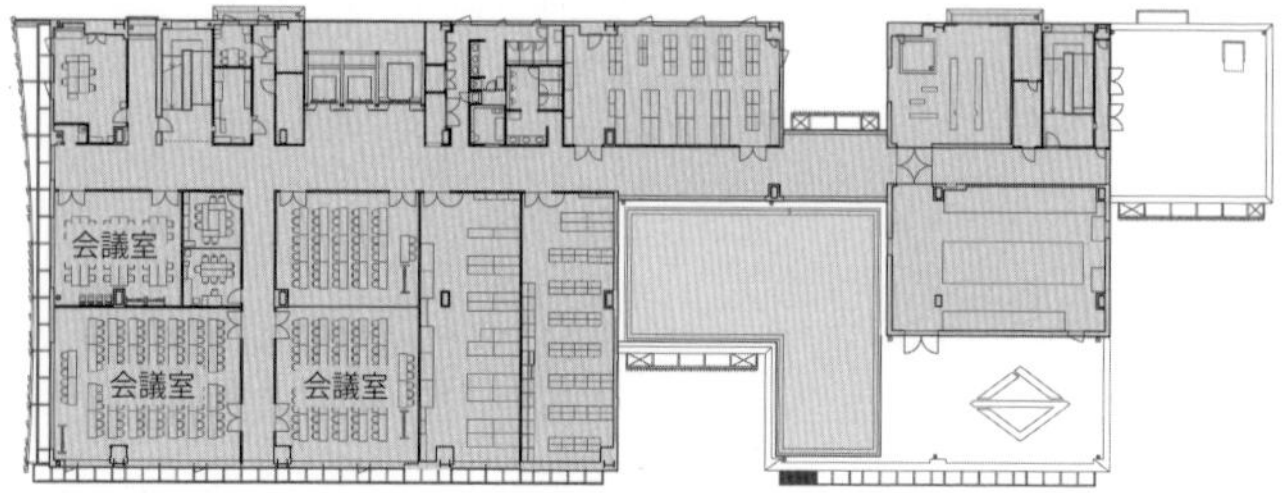

6 階平面図

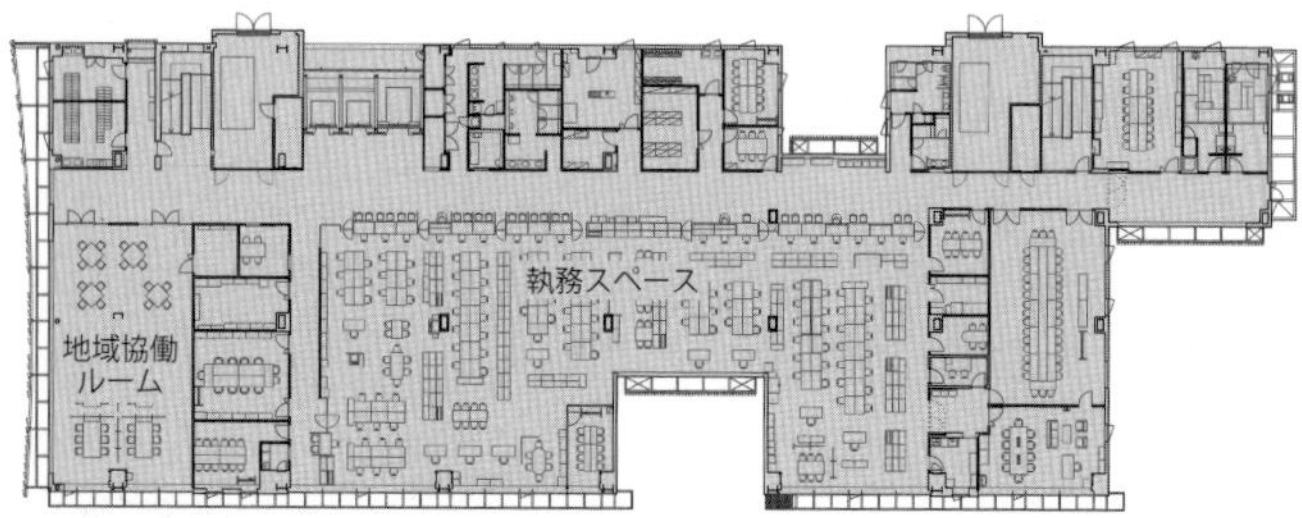

5 階平面図

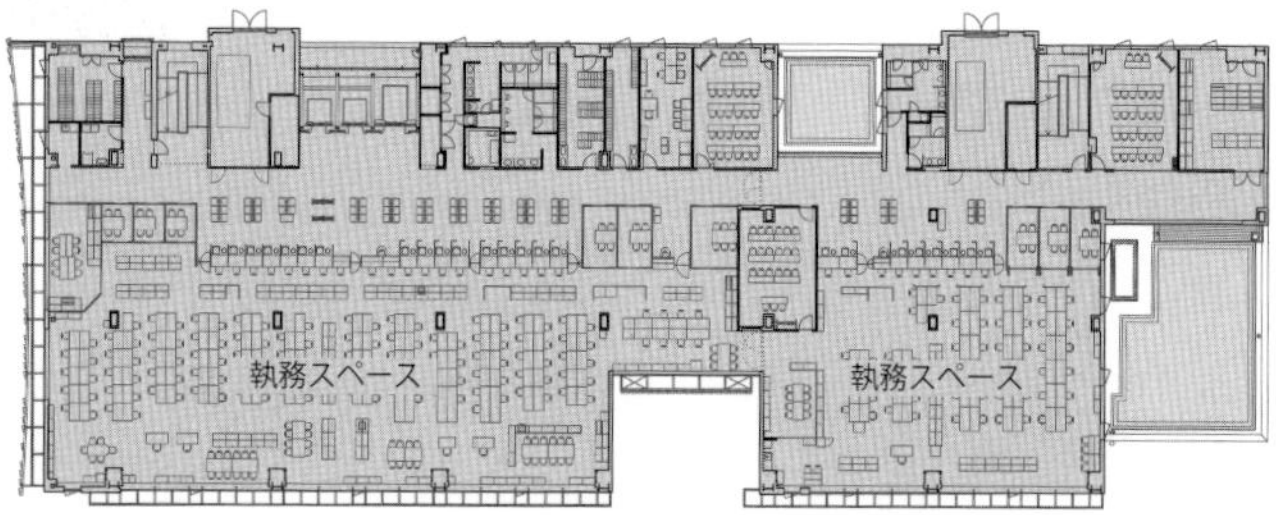

4 階平面図

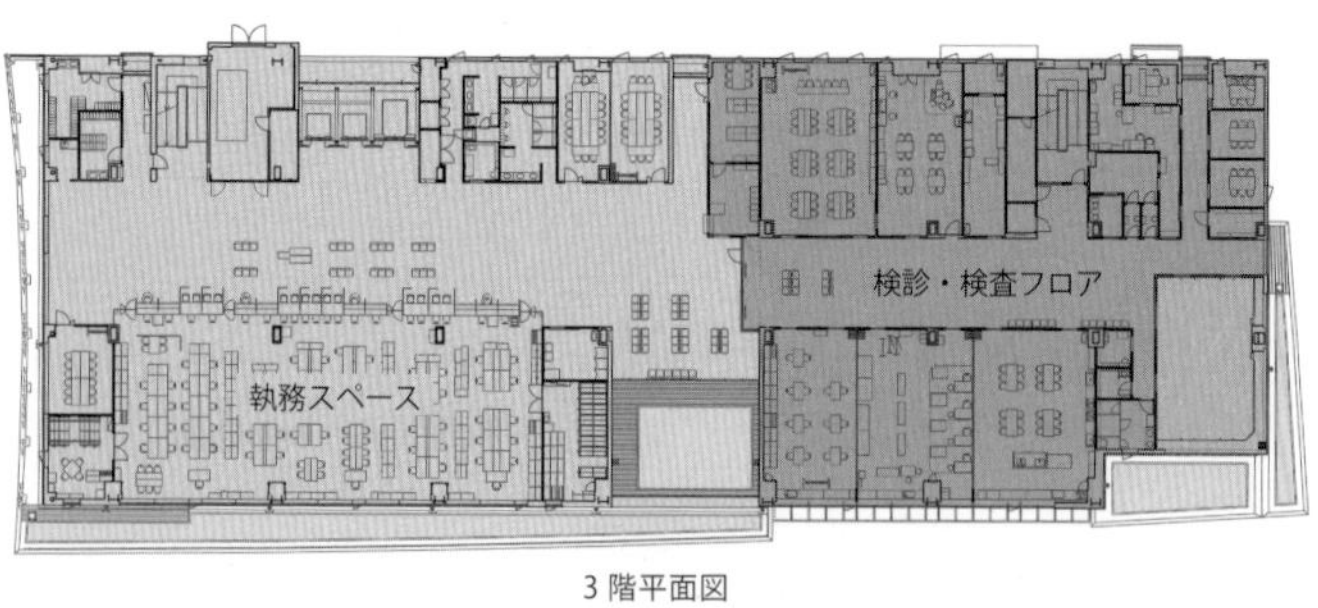

3 階平面図

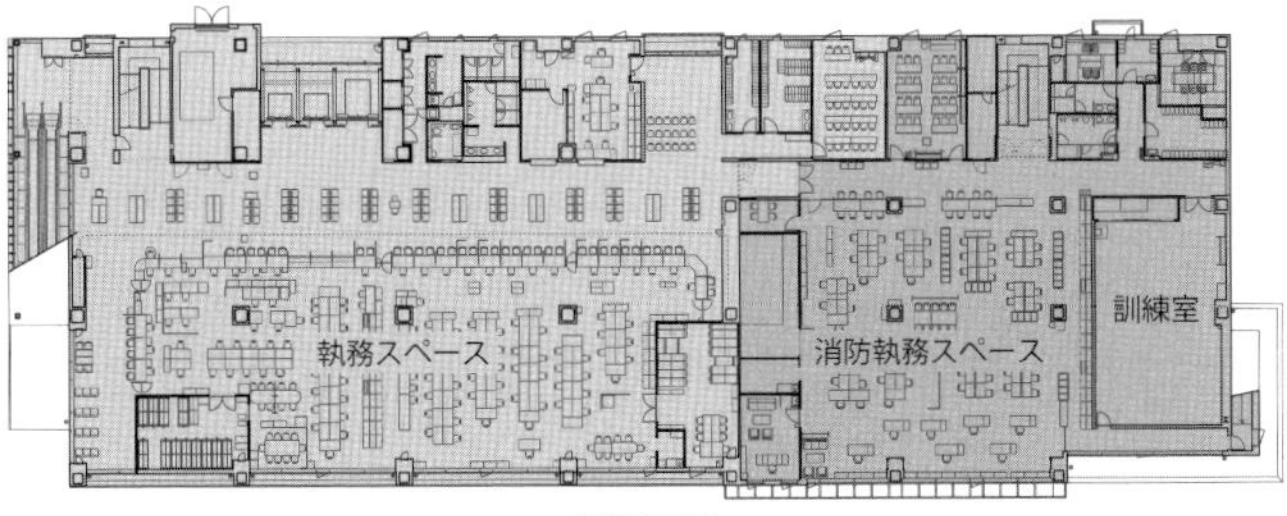

2階平面図

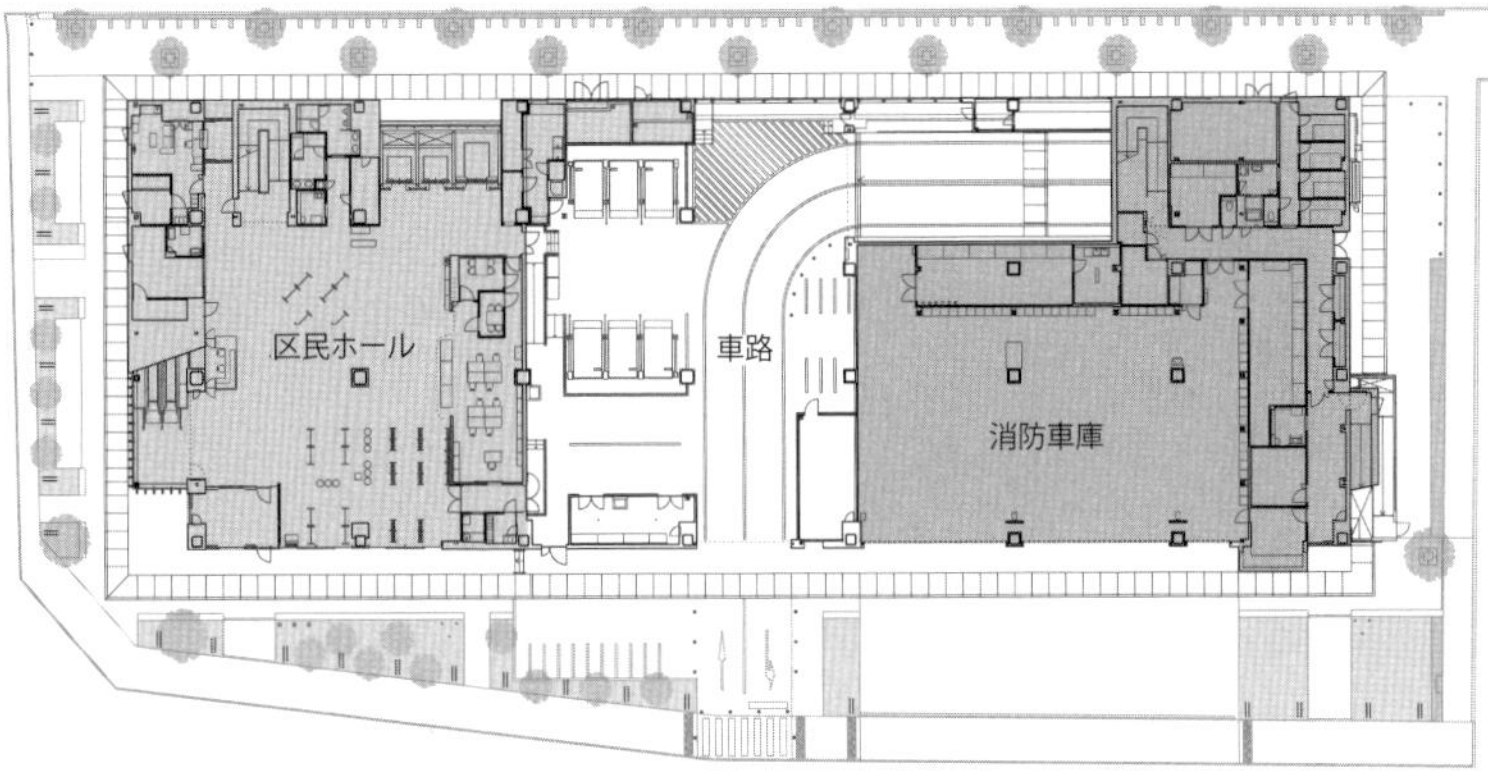

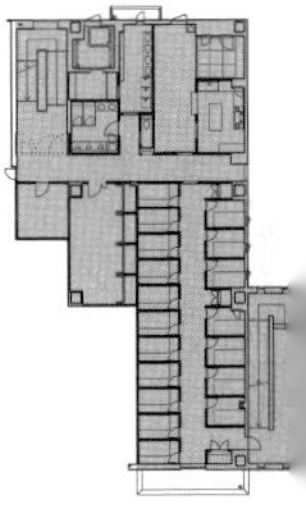

中2階平面図

1階平面図　S=1：1,000

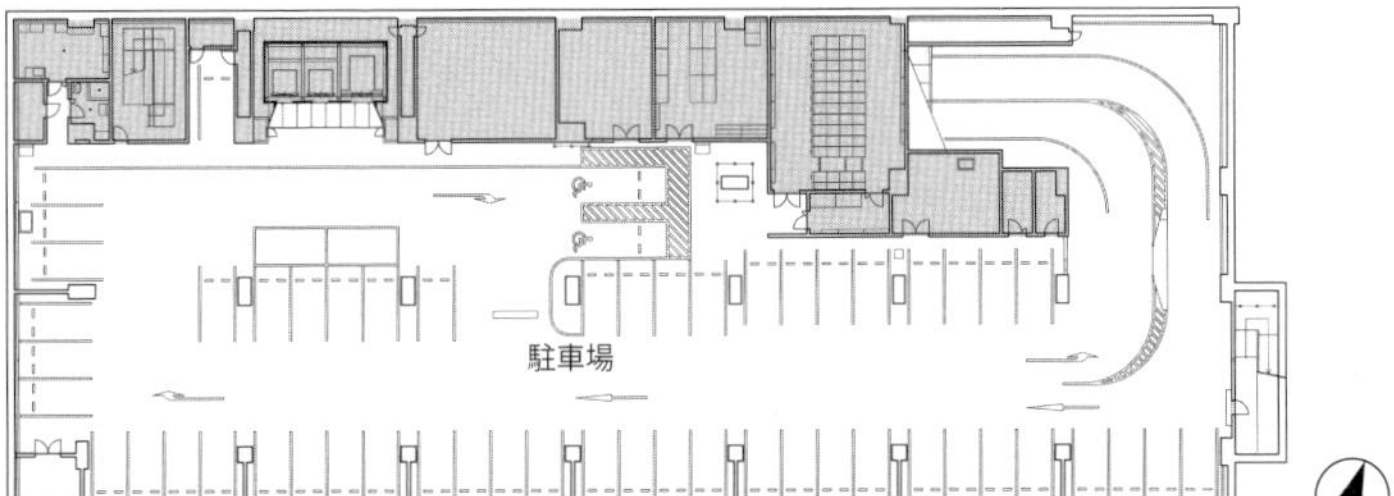

地下1階平面図

06 メガからコンパクトへ

Less material, more labor

グレン・マーカットはオーストラリアをベースとして、その地の気候風土を生かした住宅建築を作り続けている建築家である。彼の代表作の一つに、シドニーから一〇〇kmほど離れた静かな山中に存するシンプソン・リー・ハウスがある。谷に向かって開く、軽やかな片流れの屋根が特徴的な建築である。

この住宅のクライアントであるシンプソン・リー氏は、経済学の教授であった。マーカット氏からうかがった話によると、設計段階でリー氏から徹底して建築の各部位に関する説明を求められたという。屋根を支える柱について、構造的にはある大きさでよいが、施工の省力化のためにそれより大きな断面とする旨の説明をしたところ、疑義を呈されたとのことであった。すなわち、経済学の視点から見れば、労働に対する対価は惜しまずに支払われるべきであり、逆に資材（資源）の消費はコンパクトに抑えられるべきとの趣旨であった。いわく、〝Less material, more labor〟であるべきだ、と。もちろん、資材の製

fig44　シンプソン・リー・ハウス、1994年

造自体にも労働およびそれに付随する対価が含まれているが、建設に伴う経済効果を考えるのであれば、現場作業に関わる対価はより重要であるということだろう。また、地球環境への配慮を考え合わせれば、資源の浪費を避けるべきことは自明である。ものをつくるときのあるべき姿勢を示すエピソードといえよう。しかし、現実に、私たちが設計を進める上では、まったく逆の思考をたどっていることが多い。曰く、材料費と人件費を比べれば、人件費の方が割高なのだから、現場では省力化を図り、人件費を圧縮すべきである。そのためには、多少材料のロスがあろうとも気にすることはない、と。構造的に必要とされる躯体断面が部位ごとに異なったとしても、現場での混乱を避けるために、ふかして厚い(大きい)側に統一してしまった方が効率よい。梁や柱の取り合い部分で、小さな凹凸が生じるような場合は、コンクリートを増し打ちして埋めてしまった方が手っ取り早い。自分たちの負荷を減らし、環境への負荷を増やす発想に、私たちは馴れきってしまっている。

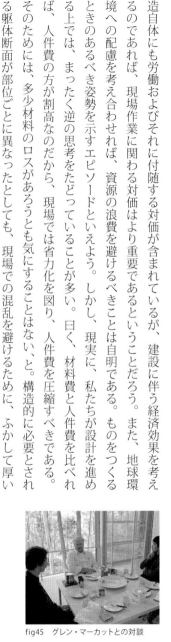

マーカットは、シンプソン・リー・ハウスの設計における体験が一つの転機となり、素材や納まりを厳しく問い直す設計スタイルへとつながったという。もちろん、無用の人件費をかけることが許容されるわけではないが、私たちも、今一度〝Less material, more labor〟ということを考えてみる必要があるだろう。

fig45　グレン・マーカットとの対談

軽くするということ

ノーマン・フォスターの設計によるセインズベリー視覚芸術センターは、シンプルなコの字型をしたシェルターの下に、巨大な展示空間が確保された美術館である。そのスパンは三五mであり、屋根の厚み三・〇mの中に、屋根を支えるトラス状の構造部材と日射遮蔽・採光といった環境制御のためのメカニズムなどが組み込まれている。外形はシンプルだが、必要とされる内部空間の性能を即物的に獲得し、同時に豊かな展示・鑑賞空間を作り出した建築である。この建物を訪れた数学者でもある建築家バックミンスター・フラーは、設計者のフォスターから説明を受けた際に、「この建築の重量はいかほどか。」と問うたという。優れた性能を獲得するにあたって、過剰な部材が投入されているのであれば、それは評価に値しない。少ない資材でシンプルに確保されてこそ、鮮やかさが際立つ。シンプルさは、重量によって推察される。そこで、果たして重量を意識して設計を行ったのか、というのがフラーの問いであった。ジオデシック・ドームという、少ない部材量で大空間を覆うことができる画期的な立体トラスを考案したフラーならではの問いといえよう。

ここで、自動車の重量の変遷を見てみたい。しばらく前まで標準的なセダンの車重はおおむね一・〇t強程度であったが、昨今の自動車のカタログを見てみれば軽く[※1]一・五tを超える。だからといって、積載量や乗員数が増えているわけではない。パワーウインドウや電動ミラー、電動シートといった駆動装置が新たに装備され、その結果として部品点数が増え、重量が増すこととなった。そして増した車重に応じて、より排気量の大きいエンジンや強力なブレーキが必要とされ、さらなる重量増へとつながっていく。性能を高めるために重量が増し、その結果さらなる車重増につながるという、車重増のスパイラルである。

もちろん、車体自体の剛性を高めるといった安全性の向上という面からの車重増もあるので、一概に車重が増すことを否定するものではない。また、アルミホイールのように車体を軽くする技術開発もされている。しかし、車重増のスパイラルから脱するには、思い切って、機能をそぎ落とす視点も不可欠だろう。もしそれが可能となれば、軽くなった車重に対応して、排気量の小さい軽量のエンジンでも十分な運動性能を確保でき、さらなる

fig46　セインズベリー視覚芸術センター、1978年

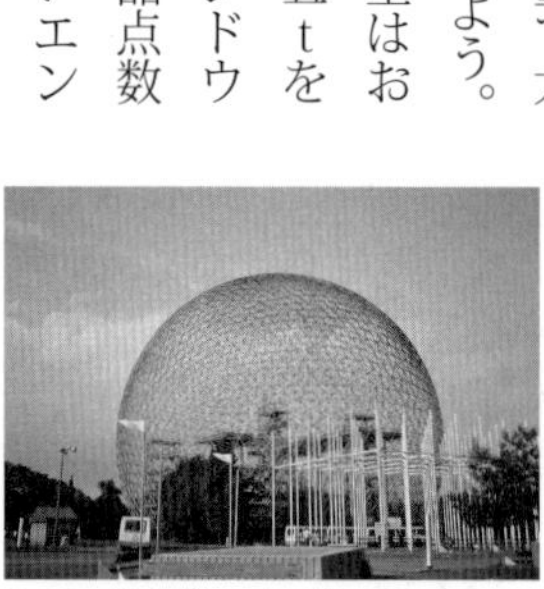

fig47　ジオデシック・ドーム、モントリオール万博アメリカ館、1967年

※1　トヨタの乗用車であるクラウンは、初代（一九五五〜六二年）は、六人乗で車重一・二t、排気量一・五〜一・九ℓ。現在のクラウン（二〇〇八年）は、五人乗で車重一・六〜一・八t、排気量二・五〜三・五ℓであり、車重、排気量ともに1・5倍程度増加しているが、なんと乗員数は減少している。四〇〇kg程度（五人）の積載物を運ぶのに、その四倍の重量の箱体が必要となる。

軽量化へとつながる。車重減のスパイラルに持ち込める。

　果たして、建築においてはどうなのだろうか。※2 乗用車と同じような重量増のスパイラルの構図に陥っていないだろうか。

部材点数を見直す

一九七〇年代にかけて活躍した吉村順三は、東京芸術大学で教鞭を執りつつ、環境技術と建築空間との統合化を図る設計を展開した建築家である。その吉村の代表作である軽井沢の山荘の図面を見ると、その壁や屋根といった各部位の断面構成が非常にシンプルであることに驚かされる。一言でいえば、建築を構成する部材が少ないのである。屋根の断面構成を見てみれば、登り梁の上に垂木が載り、その上に直接野地板が張られているだけである。施工性を考えれば、梁を水平にかけ、束立てした母屋で勾配を設け、その上部に垂木を配する方が容易なのだろうが、登り梁自体に母屋としての役割を兼ねさせ、同時に天井も登り梁の勾配に合わせた直天井として、部材点数を抑えている。同時に、勾配天井を活かして内部空間に変化を生み出すことにもつなげている。吉村が建築構成部材を精査しながら、空間の可能性を追求していた様がうかがえる。

　この住宅が作られた一九六〇年代から、すでに五〇年以上が経っている。その間に建築は随分と性能向上が図られた。住宅に関していえば、断熱性能、気密性能の確保が求められるようになり、気密性の高い壁内での結露を防ぐために外壁通気工法が開発され、気密シートや通気胴縁が新たに付加されることとなった。先の乗用車の例と同様、性能向上とともに部材点数が増えたのである。結果として、建築の壁は厚くなり、建物は「重く」なっ

fig48　軽井沢の山荘、1962年

※2　02で取り上げたプラモデル住宅の重量を計算したところ、軸組と下地で一一・七t、内外装で六・四tという結果となった。乾式パネルでできた外壁をラスモルタルに置き換えた場合、内外装材だけで、その重量は一四tにのぼり、構造部材より重くなる。軽いもので重いものを支える、アンバランスな形となってしまう。

た。もちろん、それに伴ってより快適な居住性が獲得され、ランニングに関わるエネルギー消費も削減されているので、部材点数の増加や重量増を一概に否定するものではない。しかし、吉村が精査したように、再度部材点数を見直してみる価値はあるだろう。

近年、建築に関わるライフサイクルでのCO_2排出量の収支をテーマとする、LCCM住宅という研究開発プロジェクトに関わった。建設から運用を経て廃棄まで、すなわちライフサイクルでの建築に関わるCO_2収支をマイナスにしていこうという発想である。そこでは、運用段階だけでなく、建設・製造段階でのエネルギーや排出CO_2を抑制することも求められる。運用時のエネルギー削減効果が大きくても、製造に膨大なエネルギーを必要とするならば、その効果は半減してしまう。つまり、費用対効果（コストパフォーマンス）ならぬ、エネルギー対効果が十分であるかが問われる。

いわゆるゼロエネルギーハウス（ZEH）では、建設に関わるエネルギーが考慮されないために、より多くの部材を投入し、より多くの設備を搭載する方向にいきかねない。新たな住設機器を売らんがためという業界の思惑も見え隠れする。しかし、エネルギー対効果ということを考えるのであれば、部材や設備を精査して、乗用車でいうところの軽量化のスパイラルに持ち込むことが必要なのではないか。この研究的なプロジェクトを通じて得られた知見は多岐にわたるが、省力化を優先し、建設に関わるCO_2消費の多い「重い」建築を志向する現状が明らかにされたことは意義深い。

性能向上に伴う部材増、「重量増」という傾向から、部材点数を減らし、「軽量化」のスパイラルに持ち込むにはどうしたらいいのか。シンプソン・リー氏やフラーが指摘したように、あるいは吉村が具現化して見せたように、シンプルに性能を確保するという発想・姿勢を、果たして現在の設計者は持っているだろうか。

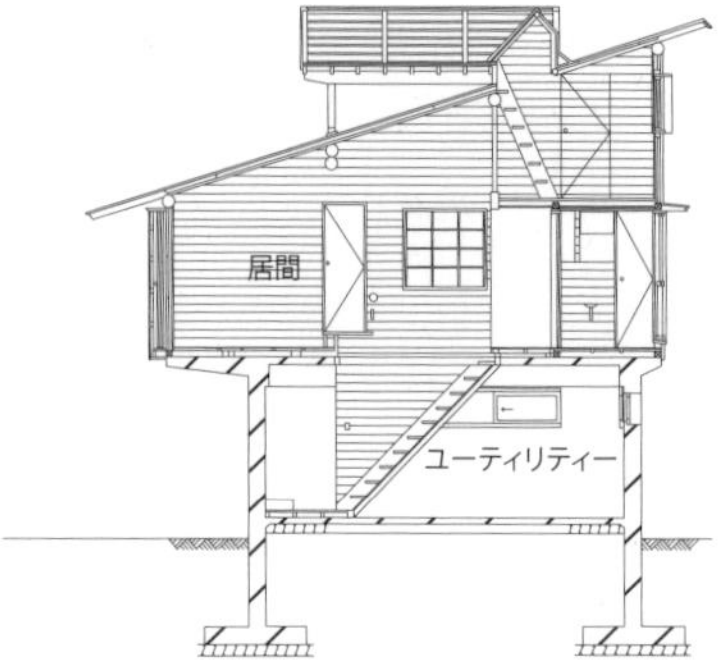

fig49　軽井沢の山荘断面図

fig50　『LCCM 住宅の設計手法』の表紙

蒸暑地域向けのゼロエネルギー住宅のモデルである。大学対抗のイベントでのデモンストレーション棟として建設された。約 4kW の太陽光発電パネルを搭載し、70m^2 ほどの床面積の住戸で消費されるエネルギーを自ら賄う想定である。

界壁を共有するテラスハウス形式をとっており、住戸間の戸境壁内で設備機器を共有し、そこで生み出された熱や電気といったエネルギーを共有する形となっている。設備機器の効率的な利用に加え、エリア全体での設備機器の台数の適正化が目指されている。

2 本の通風塔が設けられており、奥行きの深くなりがちなテラスハウスの平面形状における、通風・採光環境の改善が図られている。さらに、各戸の保水ブロックや蒸散ルーバーによる屋外環境の制御が連なっていき、相乗的にエリアとしての微気候を作り出していくことも提案されている。

A model of zero-energy housing under hot and humid climate. It was built as a demonstration building at a university competition event. The assumption is that each house is equipped with a solar power generation panel of about 4 kW and covers the energy consumed by the dwelling unit with a floor area of about 70 m^2.

The form of this model housing is a terraced house that shares the boundary wall, and the equipment is shared within the boundary wall between two dwelling units, and the energy such as heat and electricity generated there is shared. In addition to the efficient use of equipment, optimization of the number of equipment in the entire area is aimed.

Two ventilation towers are installed to improve the ventilation and lighting environment in the floor planning of the terrace house which tends to be deep. Furthermore, it has been proposed to synergistically create a microclimate by water retention blocks and transpiration louvers through connecting the outdoor environment control of each house.

ZEH VILLAGE

ZEH VILLAGE

2017 年

首都大学東京都市環境科学研究科
小泉研究室／一ノ瀬研究室

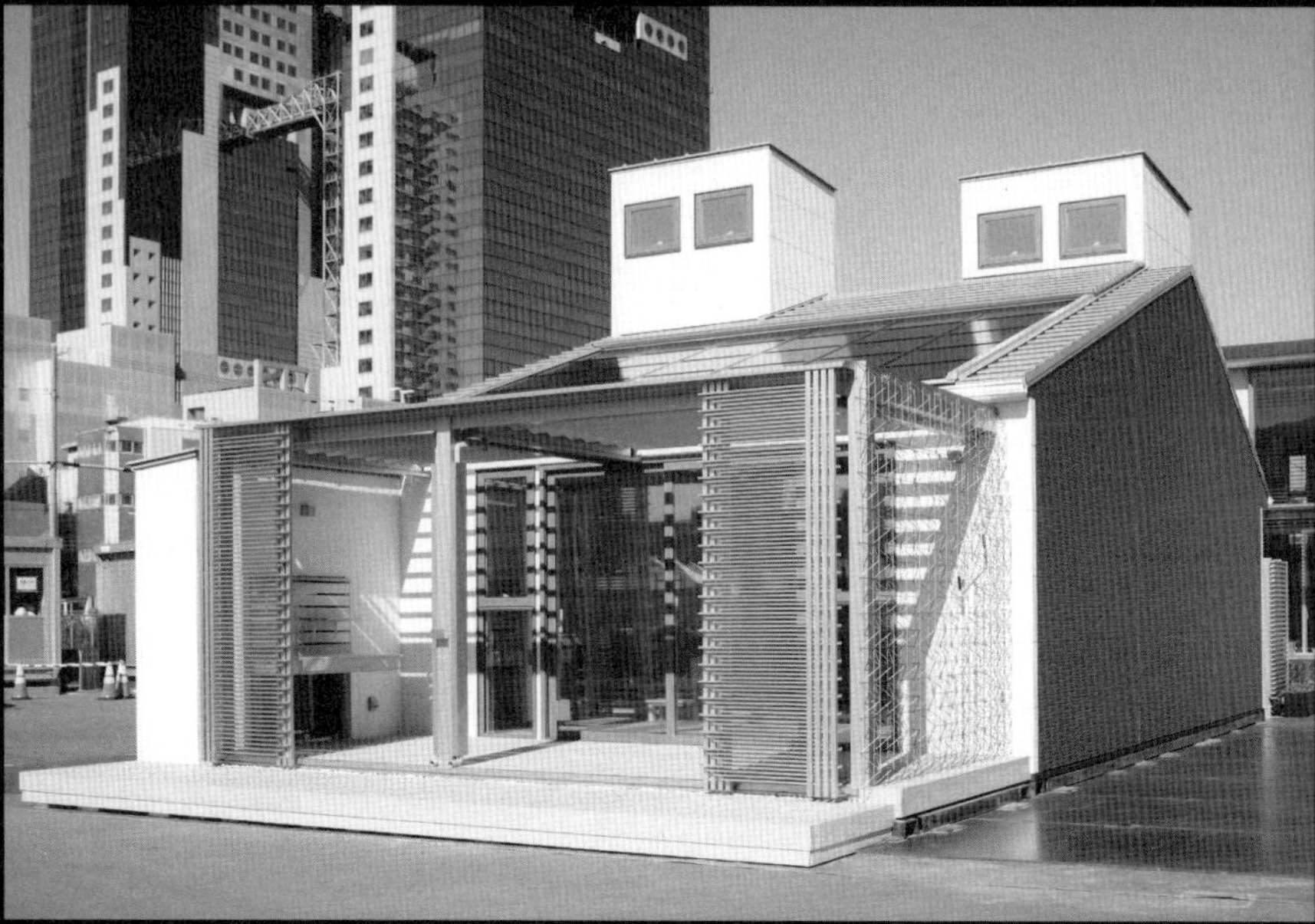

2本の通風塔

内観

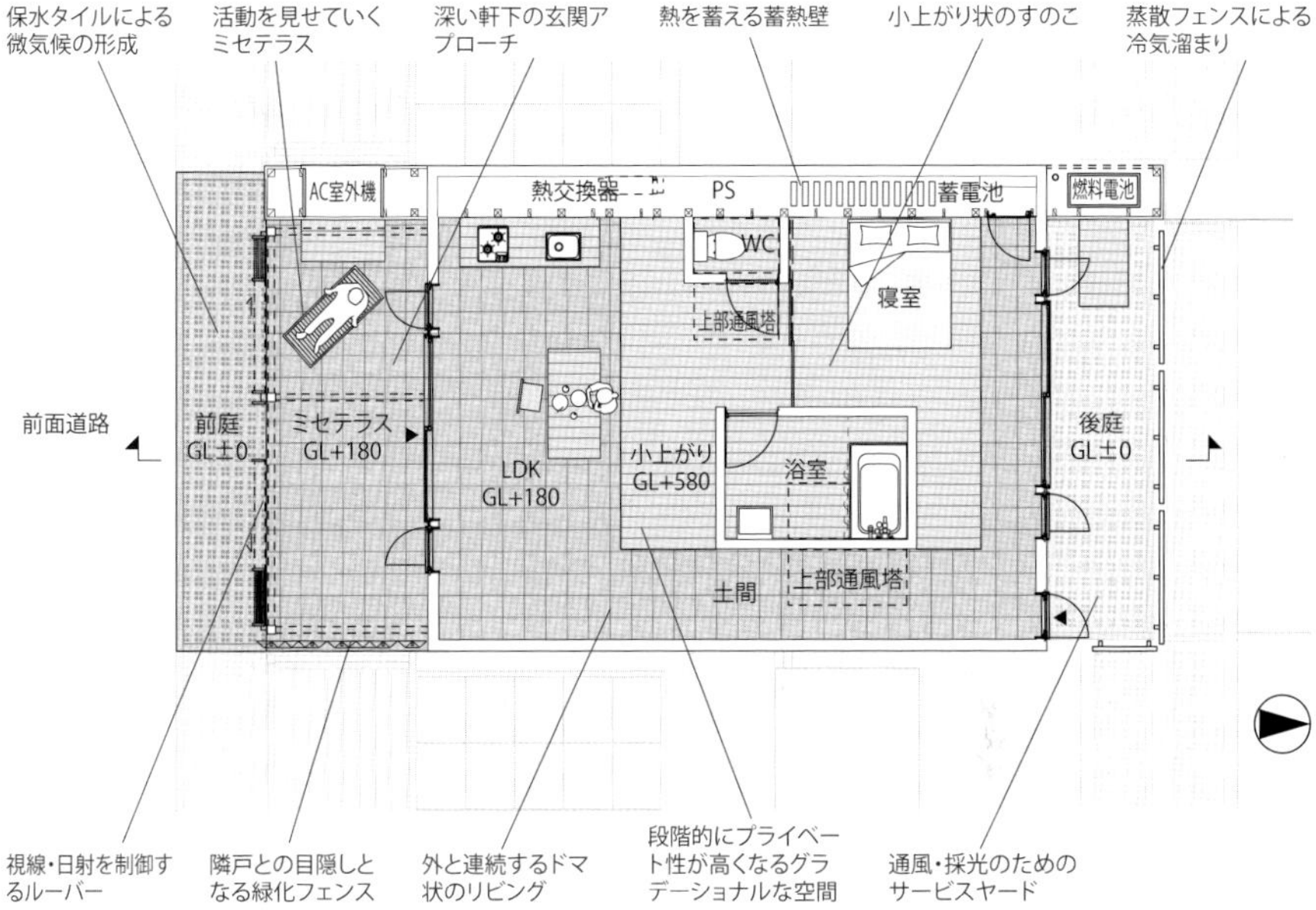
保水タイルによる
微気候の形成
活動を見せていく
ミセテラス
深い軒下の玄関ア
プローチ
熱を蓄える蓄熱壁
小上がり状のすのこ
蒸散フェンスによる
冷気溜まり
AC室外機
熱交換器
PS
蓄電池
燃料電池
WC
上部通風塔
寝室
前面道路
前庭
GL±0
ミセテラス
GL+180
LDK
GL+180
小上がり
GL+580
浴室
上部通風塔
土間
後庭
GL±0
視線・日射を制御す
るルーバー
隣戸との目隠しと
なる緑化フェンス
外と連続するドマ
状のリビング
段階的にプライベー
ト性が高くなるグラ
デーショナルな空間
通風・採光のための
サービスヤード

平面図　S=1：150

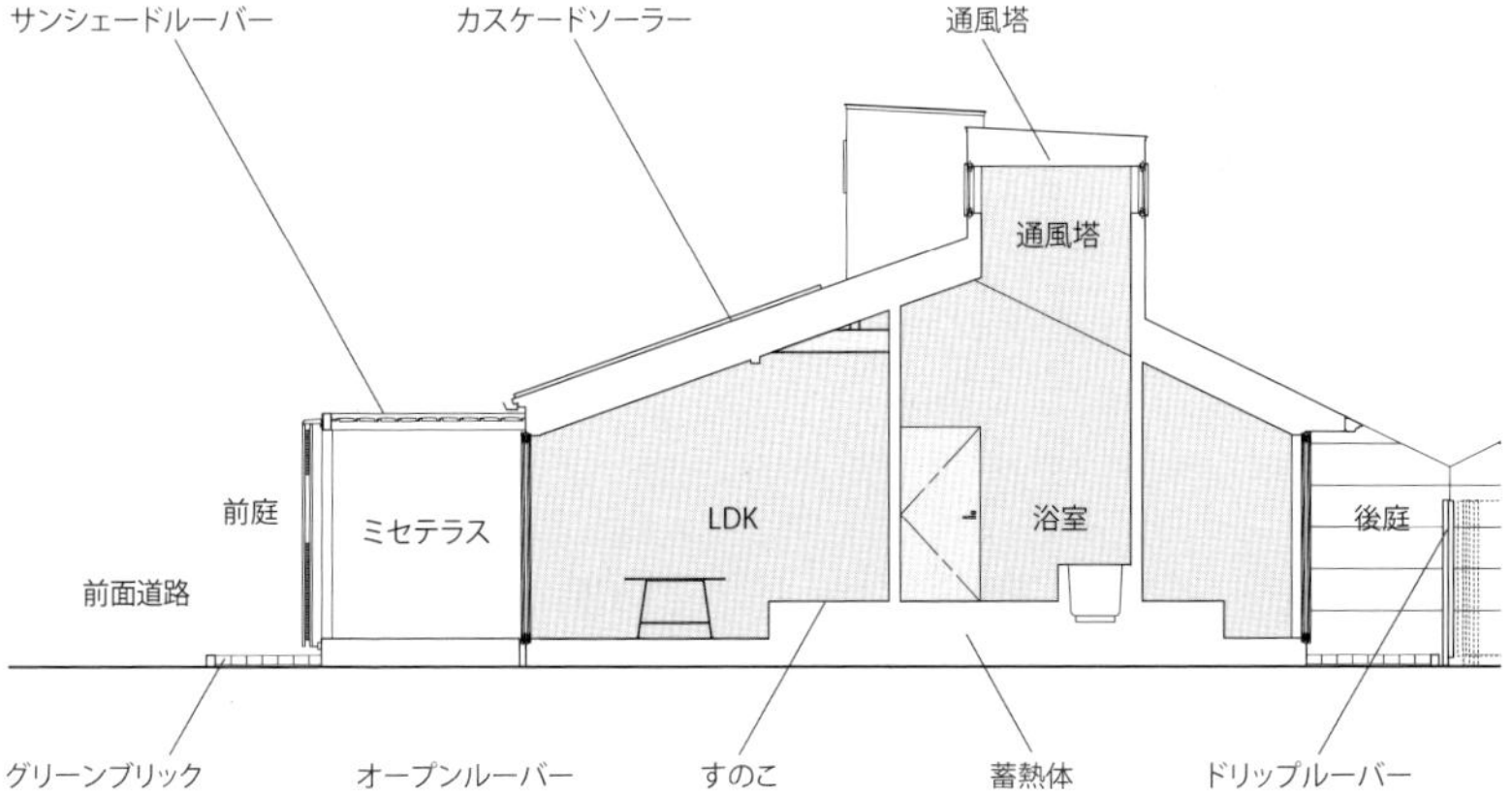
サンシェードルーバー
カスケードソーラー
通風塔
通風塔
前庭
ミセテラス
LDK
浴室
後庭
前面道路
グリーンブリック
オープンルーバー
すのこ
蓄熱体
ドリップルーバー

断面図　S=1：150

どこまでを室内とするのか

建築に関わる環境負荷を考えるにあたっては、部材レベルでの建築の構成を精査するとともに、空間レベルでの構成も再考されるべきだろう。そのひとつが、どこまでを建築の内部空間とする必要があるか、あるいは同じレベルの室内環境とする必要があるか、ということである。

近年、各地で巨大化したショッピングモールが建設されている。その基本的な構成は、大きなアトリウム空間や共用モールを中心に、大小取り混ぜたさまざまな業種の店舗が立ち並ぶというものである。かつて駅前などの沿道型の商店街で、買い物客の利便性を考慮して、通りにアーケード状の屋根を架けるケースが見受けられたが、ショッピングモールではさらに利便性を高めるべく通り全体を完全に内部化し、空調空間としたものといえる。初期の巨大ショッピングモールであるカナダのトロントにあるイートンセンター（設計：H・ザイドラー）は、既存の街区が丸ごと一つの建物に置き換えられている。冬季のショッピングの利便性を考慮した寒冷地ならではの建築であるが、まさに商店街がひとつの建築によって覆い尽くされ―飲み込まれているのである。

こういったショッピングセンターの原型は北米にあるが、日本でも二〇〇〇年に大規模小売店舗立地法が施行されて以降急増した。地方都市に行けば、必ずと言っていいほど郊外のバイパス沿いに巨大なショッピングモールを見かける。さらに、近年では、経済発展を遂げた東南アジアの諸国でも、同様の巨大化したショッピングモールが数多く建設されるようになった。その形式は国情が異なれども、ほぼ同じといえる。もはや気候風土は問われない。人工環境の箱である。

fig51　イートンセンター、1977年

fig52　東南アジアの巨大化した
ショッピングモール

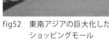

巨大化するに伴い、店舗あたりの外表面積は小さくなるし、大規模な冷凍機が導入されるので、個別の店舗で空調を行うよりも効率が高くなる。したがって、より効率のいい空調空間が提供される、ということらしい。※3 ㎡当たりの消費エネルギーで空調効率を換算すればそうなるのかもしれない。しかし、かつての商店街の店舗の売り場面積の総和に比べ、はるかに多くの床面積が室内化されている。

そもそも丁寧にコントロールされるべき空調空間はどれだけ必要だったのか、疑問である。寒冷地でなければアトリウム空間は屋外の広場でも十分だったし、店舗前の幅の広い通路空間もインテリア化せずに屋外空間でも、十分に機能は果たしたのではないか。床面積という分母が水増しされているなかでの、㎡当たりの消費エネルギーを議論する意味は果たしてあるのだろうか。必要なアクティビティあたり、もしくは利用者一人あたりのエネルギーといった観点で見るべきではないのか。そうすれば計算の評価は大きく異なったものとなるはずである。

この不要に巨大化—メガ化していく流れは、オフィスビルやホテル、それらを含む都市複合施設、さらには学校建築などでも見受けられる。もちろん、複雑化・高度化した技術に対応するために、巨大化が不可欠なケースもあるだろうが、先に述べたように、不要に室内空間の拡大がはかられてはいないだろうか。※4 用途のはっきりとしない巨大なエントランスロビーや移動・通過に用いられるだけのモールは、そもそもインテリア化され、空調や照明が必要だったのだろうか。屋根付き広場や渡り廊下で、十分だったのかもしれない。少なくとも巨大化、メガ化されることで、面積効率やエネルギー効率が高くなるという謳い文句については、疑ってみるべきだろう。本当に必要な室内空間、人工的に環境制御されるべき室内空間の範囲を、もう一度精査する必要があるように思う。

fig53　巨大化したホテル（マリーナベイサンズ）、2010年

※3　バックミンスター・フラーは、自らが考案したジオデシック・ドームの有効性を示すべく、巨大なシェルターでマンハッタン上部を覆うという、刺激的な提案を行っている。果たして本当にエネルギー的なメリットに結び付いたのだろうか。

※4　レム・コールハースは著書『S・M・L・XL』中で、「ビッグネス、または大きいことの問題」と題して、急速に巨大化する建築の流れについて論評を行っている。

まちのコンパクト化

さらにスケールを上げて、都市的なスケールで見てみたい。戦後の日本においては、住宅不足を背景に、居住域が郊外へと拡張してきた。UR都市機構や大手デベロッパーによって団地やニュータウンと称される大規模住宅地が開発され、ローカルな不動産屋や工務店のミニ開発によって田畑は虫食い状に戸建て住宅へと転化された。さらに、そういった郊外住宅地と連動して、先述の郊外型のショッピングモールが幹線道路沿いに建設された。

このような郊外型のライフスタイルに一役買ったのが、個の移動に対応したマイカーという交通手段であった。中心市街地から離れたところに住宅地が開発され、車でアクセスしやすいバイパス沿いにショッピングモールが建設された。特に地方都市では、中心市街地を経由せずに、郊外と郊外を直接結ぶような形で人々の生活が形作られ、その距離感は今までとは大きく異なるものとなった。中心がない「まち」が成立したのである。都市発展の歴史における一大転機であった。

だが、このモビリティを利活用するには、化石エネルギーが必須である。換言すれば、地方都市における郊外型のライフスタイルとは、化石エネルギーを用いた内燃機関によって成立したものなのである。そして、郊外化が推し進められた結果、地方都市では、中心市街地が空洞化し、集積度の低いまま、広く薄く市街地が拡がるという現象が生じた。その様態は、都市の巨大化というよりはまちの拡散化と形容されるべきものである。

しかし戦後七〇年を経て、社会状況は大きく変わった。日本の人口は減少に転じ、財政規模が縮小する中、拡張してしまったインフラをどのように維持していくのかという疑義が呈されるようになった。そこで、中心市街地に居住域を回帰させようという、いわゆる

fig55　中心市街地のシャッター通り

fig54　バイパス沿いの
ロードサイドショップ

コンパクトシティの議論が巻き起こった。

コンパクトシティ化は、インフラ維持のコスト低減という観点から語られることが多いが、環境負荷という観点から考えてみれば、不要に移動距離が増加し、化石エネルギーを消費するモビリティに頼らねばならないという問題への解でもある。また、エネルギー供給網が過剰に拡がることで、エネルギーを送付する際のロスも課題となるだろう。一言でいえば、街が拡がりすぎたということである。前節で挙げたショッピングモールにおける空調空間と同じく、郊外における街の拡がりも精査して見る必要があるのではないか。農業を主体とする中山間地域はさておき、少なくとも都市近郊においてはもう少し別の解答があるだろう。

フットプリントを小さくする

「エコロジカル・フットプリント」という言葉がある。フットプリントとは、直訳すれば足跡である。人間の活動が地球環境へ及ぼす負荷を足跡になぞらえたものであり、及ぼしてしまった負荷のリカバリーに必要な面積として示される。日本において一人の人間が年間に残すフットプリントは四haに及ぶという。[※5] なんとも、巨大な足跡である。

章頭に取り上げたグレン・マーカットは、移動に関わるエネルギー消費にも言及し、自らの出張の回数をできるだけコントロールすると語っていた。現在、私たちはかつてない移動の自由を手に入れたが、その行使には慎重さが求められるということである。あるいは、日常摂取する食料自体の移動距離（フードマイレージ）が課題であるという指摘もある。私たちは居ながらにして遠方から運ばれた食材を楽しむことができるが、そこに環境

※5　WWF（世界自然保護基金）『エコロジカル・フットプリント』二〇一五年

的な無理・矛盾はないのだろうか。

ここまで述べてきたように、部材スケールから都市スケールまで、食材からモビリティまで、さまざまなレベルで私たちは不要な足跡を残すことに違和感を持たなくなった。今、私たちに求められるのは、生活をする上でのフットプリントをいかに小さく抑えられるか、である。そろそろ、私たちが当たり前と思う生活のスタンダードを見直さなければならない時期に来ているのではないか。もちろんそれには、相応の覚悟と工夫が必要である。環境学者の村上周三は、それを「スリム化」という言葉で表現している。※6 先に述べた、コンパクト化と同じゴールを目指すものといえよう。また、最近いろいろな場面でシェアということが謳われる。シェアという行為を通じてのコミュニティの醸成などに注目が集まるが、物的なレベルでいえば、拡大してしまったフットプリントをコンパクトに納めていくためのひとつの方策といえよう。

石庭で有名な京都の竜安寺に、「知足」のつくばいと呼ばれる水盤がある。中央に口の字を配し、その周囲に四つの部首を組合せ、「吾、唯、足る、を知る」という文言を図案化したものである。漢字の部首構成を活かした見事な図案もさることながら、そこに込められたメッセージをあらためて考えてみる必要があろう。

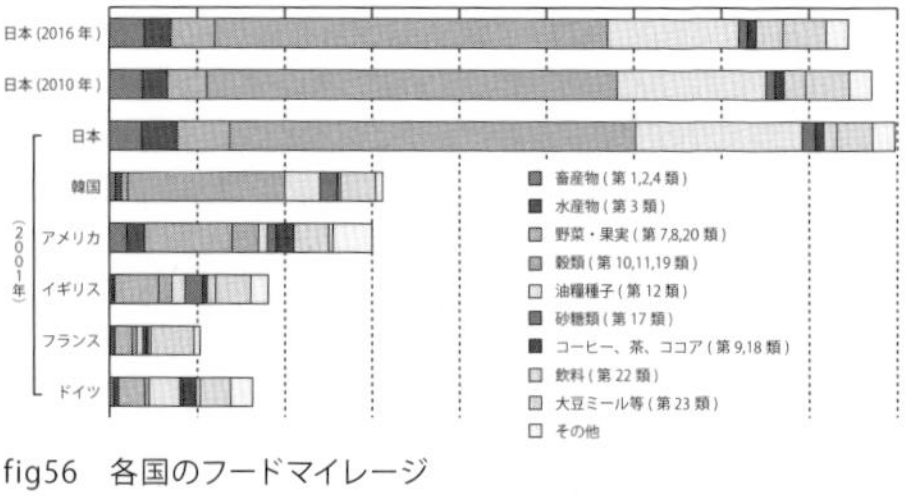

fig56　各国のフードマイレージ

fig57　竜安寺の知足のつくばい

※6 『スマート&スリム未来都市構想』村上周三 エネルギーフォーラム、二〇一二年

Kotobukicho, Yokohama-shi health welfare interchange center/Municipal housing Kotobukicho sky apartment house

横浜市寿町健康福祉交流センター／横浜市営住宅寿町スカイハイツ

2019 年

小泉雅生／小泉アトリエ

日雇い労働者のための簡易宿泊所が建ち並ぶ街における、地域住民の憩いの場となるセンター。600m×400m のエリアに 6,000 人近くが居住交流する高密度地区であるが、住民が高齢化していく中で、福祉ニーズの高い街へと変容を遂げている。健康福祉交流センターは「みんなの居間」のような位置付けであり、狭小（3 畳程度）の居室の住人にとっての日常的な居場所となっている。いうなれば「街全体でのシェア居住」がなされている。広場に面する位置に住民が気軽に立ち寄れる縁側状の空間があり、内部にはラウンジ、図書コーナー、診療所、銭湯といった機能が設けられている。

シンプルなコンクリートラーメン構造であるが、十字柱、ハンチ梁といった応力に応じた構造断面とすることで、空間を特徴付けている。屋上には各室の換気のための通風塔が立ち並び、集落のような風景を作り出している。

An community center for health and wealth for the rest and relax of local residents in a town where simple accommodations for day laborers cluster. Here is a high-density district with nearly 6,000 people in the area of about 600 m×400 m, and it has been transformed into a town with high welfare needs as the inhabitants age. The welfare center is positioned like a "common living room for everyone" and is a daily place for residents of a very small (3 tatami mat) room. In other words, a shared residence in the entire city is realized. There is a balcony-shaped space facing the plaza where residents feel free to drop in and loiter, and the interior has functions such as a lounge, a library corner, a clinic, and a public bath.

Although it has a simple concrete rigid frame structure, the space is characterized by a cross sectional structure that responds to the stress such as cross columns and haunch beams. Ventilation towers for each room are lined up on the roof, creating a landscape like traditional dwellings.

北側全景

広場

公衆浴場

ラウンジ

図書室

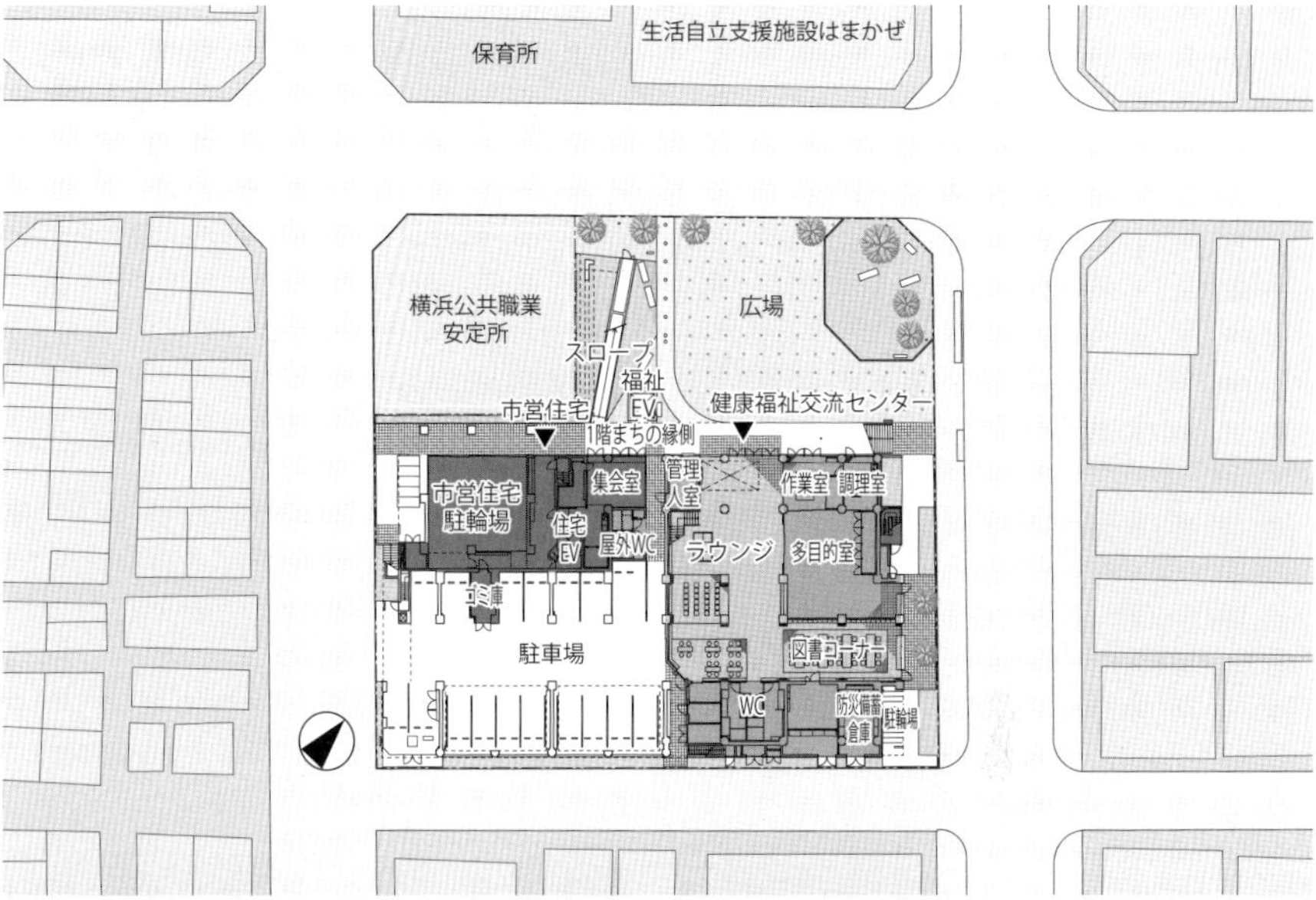

1階平面図　S=1：1,000

十字に切り欠かれた柱とハンチ形状の梁

通風塔

十字柱とハンチ付き梁

2階のまちの縁側

07 パッシブからレスポンシブへ

衣服としての建築

建築と衣服は、いずれも人間の身体の近傍にあり、身体に快適な環境を作り出すシェルターとしての役割を果たす。衣服はより人間の身体に近い位置にあり、一人一人に個別に対応する。つまり、人間の身体スケールに対応したコンパクトなシェルターとなる。一方、建築は衣服に比べて少し身体から離れたところにあり、個々人に対応するばかりでなく、複数の身体をくるむこともある。したがって、建築は衣服に比べて大きなスケールのシェルターとなる。つまり、衣服と建築はスケールという観点から見れば相似の関係にあり、建築は大きな衣服のようなものであるといえる。

しかし、そのスケールの違いゆえ、両者のハンドリングの容易さは大きく異なる。衣服には、身体の動きに追随するフレキシビリティがある。さらに、外部の気候変動や個人の活動・体調に応じて、着衣量を自らの意思でアレンジすることも容易である。一方で、建築は衣服ほど融通が利かない。人間の活動に併せて伸縮することもできないし、寒いから

fig58　京都の町家の建具替え

といって家に外套を被せたり、暑がりの人に対応して窓を大きくしたりといったことも困難である。京都の町屋では、季節に応じて建具を入れ替える「建具替え」という風習があり、夏季には通風性の高い建具を利用し、冬季にはディフェンシブな建具に入れ替えるというが、その建具を収納しておくスペースの確保も大変だし、年に二回建具を入れ替えする手間もばかにならない。LCCM住宅デモンストレーション棟では「衣替えする住まい」ということを謳い、季節に応じて建築の設えを変えていくことを提案した。建具の開閉や空調機器の使用に応じたモードを設定し、それをアレンジしていくことで省エネを図ろうという趣旨だったが、居住実験にあたった被験者に聞いてみると、気候条件に応じての建具の開閉が大変だったという。建具替えほど大がかりではないが、それでも負担と感じられるのが現実だ。建築は大きな衣服のようなものだといいつつ、かさの張るリジッドで融通の効かないシェルターでしかありえない。環境制御装置としてみれば、ずいぶんと不自由なものなのである。

建築と身体との乖離

建築の設計者には、不自由な建築という形式にのっとりつつ、シェルターとしていかに人間にとって快適な環境を実現するかが求められる。果たして、ここで実現すべき快適な環境とは、いかなるものであろうか。

これまで快適な環境として、人間に対する負荷の少ない環境を実現することが目指されてきた。ところが、住宅に関わるある研究プロジェクト※1で、医学やスポーツ科学といった分野の専門家に話をうかがうと、心身両面で適度な負荷があることが健康維持のために不

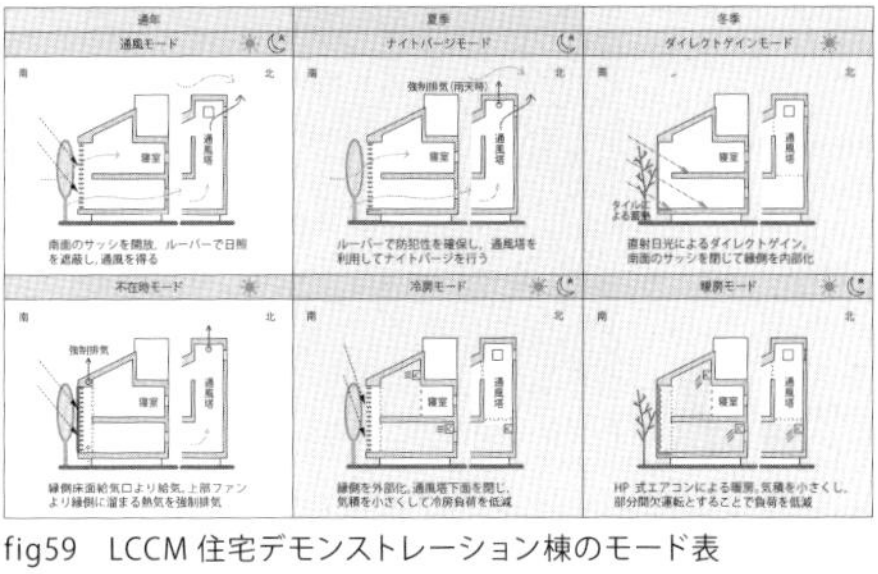

fig59　LCCM住宅デモンストレーション棟のモード表

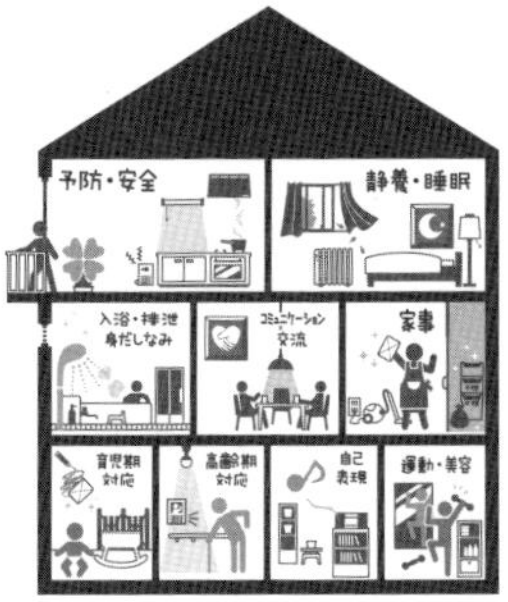

fig60　『健康に暮らす住まい
9つのキーワード設計ガイドブック』

※1　国土交通省の健康維持増進住宅研究委員会

可欠だと指摘された。負荷があることで、身体や精神の能力が維持されるというのである。もちろん、適度な負荷というものは年齢や体力状況に応じて異なるし、命に関わるような負荷もあるので、一概に負荷を肯定するものでもないが、やみくもに身体的な負担を減らしても、生き物としての人間にはフィットしないということは確かなようだ。

また別の機会に、希少な爬虫類の繁殖に成果をあげた動物園の飼育員の話を伺う機会があった。繁殖のためには、その動物にとって快適な環境だけを提供していてはだめで、むしろ飼育室の中にムラを作り、快適な場所を探るべく適度に動き回らせることがポイントだという。さらに、日変化や季節変化という時間軸での変化を重ね、随時負荷を変えていくという。適度に負荷があり、生き物自身が環境調整を行うことが大切だというのである。

どうも子孫を残すという生き物の究極のサステナビリティには、快適な環境獲得に能動的に関わることが重要なようである。種を維持しようという危機感や切迫感が必要なのだろう。しかるに、私たち設計者は、人間が何も働きかけなくても性能が担保されるような建築を目指している。建築ですべてを解決しようとしすぎているのではないか。アレンジの困難な建築の性能を上げるのはそこそこにして、個々人がアレンジ可能な衣服を充実させる方が、よほど手っ取り早いし、生き物としての摂理に適っているのかもしれない。

環境性能を評価するにあたっては、省エネ、省CO_2という数値化しやすい基準ばかりが取り上げられる。いかに効率よく（省エネで）実現するかはテーマとなっても、生き物としての人間に適しているかの検証は実は足りていないのではないか。環境工学者の岩前篤が指摘するように、「快適」という言葉を、負担がなく安寧であること—comfortと、環境行動に基づいて実現する心地よさ—pleasantnessと、二つの側面から考えておく必要があるのだろう。※2

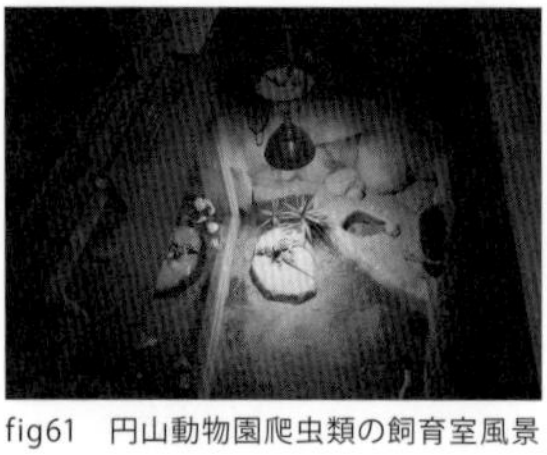

fig61　円山動物園爬虫類の飼育室風景

※2　『未来の住まい　住宅研究のフロンティアはどこにあるのか』野城智也他共著　柏書房、二〇一九年

先述したように、建築はそもそも不自由な形式だったのに、さらに、設計者が生き物としての人間にフィットしないものへと勝手に導いているのではあるまいか。負担の少なさや安寧が、代を超えた種の維持という究極のサステナビリティに導いてくれないとすると、建築という形式のもとで「快適」な環境を効率よく実現することがどのような意味を持つのだろうか。そもそも違うところにゴールがあったのかもしれない。

「人間とその家屋の建築様式とのあいだには亀とその甲羅の模様とのあいだに見られるほどの深い関係があるわけではない[※3]」

大きな家電としての住宅

最近の建築における大きなイノベーションとして、ＩＴ機器の導入によるスマート化がある。建築内に設置されたさまざまな電化設備や家電といった装置がネットワーク化され、総合的にコントロールされる、というものである。

住宅内にある電化設備や家電は、かつてと比べて圧倒的に数や種類が増えた。さらに、大きさも増しており、住まいあるいは生活の中で、それらの存在感はより大きくなっている。実際の設計のプロセスにおいても、電化設備や家電をどのようにレイアウトするかの検討が欠かせない。冷蔵庫や洗濯機など後追いでは対応できないような大きさの家電もあるし、大型テレビのようにその配置が部屋の使い方を規定してしまうものもある。テレビは液晶化されて薄くはなったものの、見付面積は壁面を覆わんばかりに巨大化し、まさに「離れたところの光景を眺める」ための窓のような存在となった[※4]。住宅設計とは家電の配置検討である、といったら言い過ぎだろうか。いつしか、住宅はそれらに埋め尽くされてし

fig62　巨大化するテレビ

※3　『森の生活・ウォールデン』H・D・ソロー著　講談社学術文庫、一九九一年

※4　テレビ（television）とは、tele―離れたところ、vision―見ること、である。ドイツ語でも、同様にfern（遠い）―sehen（見る）となる。G・オーウェルの近未来小説『１９８４』（一九四九年）には、双方向性を持ったtelescreenが登場する。

まうのかも知れない。家具同様に、家電や電化設備を建築空間の重要な構成要素として、位置付けなければならない。

さらに、床暖房、浴室乾燥機、太陽光発電パネルのように、置き式ではなく作り付けの、建築と一体化した電化設備も増えてきた。建築に組み込まれた、いうなれば「建築化家電」である。もはや、建築と家電との境界は曖昧になってきた。事実、太陽光発電パネルを家電量販店で購入することもできるし、家電量販店が住宅建設部門を持つまでに至っている。※5

建築における電化設備や家電の比重の高まりという流れはさらに進んで、最近では建築とＩＴ技術の融合が謳われる。住宅においては、ＨＥＭＳ(Home Energy Management System）と呼ばれる管理システムを組み込み、家全体でのエネルギー消費の最適化を目指すスマートホームと称される動きが進んでいる。家電側でも、話しかけるだけでエアコンを制御したり、照明をコントロールするなど、ＡＩ機能を搭載した端末によって空間側へ働きかけをする技術が開発された。こうした流れが加速すれば、今後壁面や床面にセンサーが埋め込まれ、建築自体が巨大な端末のような形になるだろう。大きな家電としての住宅である。建築化家電が昂じた末の「家電化住宅」といえよう。家電量販店が住宅建設に取り組むのも宜なるかなである。

身体性の拡張

家電化住宅の背景には、技術面で言えば、環境を感知するセンサーが廉価になり普及したことと、ＡＩなど状況を的確に分析・判断できる制御システムが進化したことがある。人間の受容器官の代替をするセンサーと頭脳にあたる制御システムが導入され、擬似的に

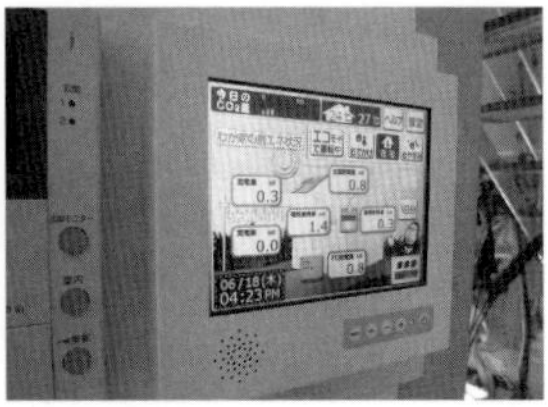

fig63　HEMS

fig64　スマートスピーカー

※5　住宅メーカーのＳ×Ｌ（旧小堀住研）は、家電量販店のヤマダ電機の子会社となった。

人間の身体が建築スケールに拡大されたような状況になっている。家電や電化設備が「賢く」なり、人間から空間へ物理的な働きかけを行わなくても、それらの機器が代行してレスポンスしてくれる。それは、まさに批評家マーシャル・マクルーハンが『メディア論』[※6]で指摘したように、メディアを通じて人間の身体が拡張することに他ならない。電気・電子メディアによって人間の神経系が地球規模に拡張されるとマクルーハンは謳ったが、身近なところで人間の身体は住宅に拡張、同化していくのである。

しかし、こういった建築空間と家電・電化設備との一体化、すなわちスマート化という傾向に対して、建築家の側はおおむね冷淡である。曰く、ＩＴ技術や家電は建築に付加される、いうなればオプション──装置でしかない。建築の本質は「空間」や磯崎新のいうところの「大文字の建築」であり、オプションのような「装置」には興味がない、と。

しかし、現実には、エンドユーザーである居住者には、意外とこういったわかりやすい「装置」の方が、訴求力がある。なぜだろうか。マクルーハンのいうように、メディアを通じて人間は身体能力を高めてきた。その過程を振り返ってみると、当初はニーズに迫られてのものだったはずだが、いつしかより速く移動したり、より強い力を行使すること自体が目的化した。身体が拡張することで、今まで得られなかった身体感覚が得られ、それは心地よさへと変容する。すなわち、身体性の拡張には快楽が伴い、その快楽こそが推進力となったのである。建築のスマート化には、快適な環境を作り出すことに加えて、身体性の拡張に基づく快感を獲得することの二つの側面があるといえよう。それは、先に述べたcomfortとpleasantnessという「快適」の二つの側面ともリンクする。

そのように考えると、いかに建築家が嫌おうとも、身体性の拡張を謳うスマート化という波をとどめるのは容易ではないだろう。遠からず、ＩＴ系のオプションによって住宅の

※6　『メディア論』マーシャル・マクルーハン著　みすず書房、一九八七年

価値が計られる日が来てしまうのかも知れない。建築家サイドからすれば、ＩＴ系の技術に母屋を乗っ取られるような感じがするだろう。スマート化は鬼っ子のような存在なのである。そこに、建築家の苦渋がある。

レスポンシブな建築

衣服のような追随性に乏しく、不自由な環境制御装置である建築を、中間的なスケールでハンドリングしやすい家電や電化設備を仲介とすることで、人間の活動にフィットさせていくことができるとすれば、それは先に述べた建築と身体の乖離を橋渡しすることとなる。自らの意思でコントローラブルなものとして捉えられるようになれば、建築は衣服のような身体領域の拡張として再定義される。

スマート化の本質は、応答性に乏しかった建築をレスポンシブなものとする所にある。人間の身体が拡張して建築と一体化する、その手助けをＩＴ機器が果たすということである。そこで、このような形で人間の意思や活動への応答性を持った建築を、「レスポンシブ」な建築と呼ぶこととしたい。空間優位の従来的な大文字の建築が「建築∨人間」と記述されるとすれば、「建築∧人間」と表記されるような存在である。先に述べたように、建築家には固定化した「空間」の優位性を信じて疑わない建築観がある。レスポンシブな建築という考え方は、その対極に位置付けられる。建築をオブジェのようにフリーズさせるのではなく、縷々変化する人間の活動に順応するものとして再定義しようという試みである。

一方で、スマート化された建築は、本当に人間に忠実にレスポンスしているのかという疑問も生じる。スマート化された建築におけるレスポンスは、誰かによって組まれたプログラムに基づいている。ある想定の下でのプログラムでしかない。逆に、中で活動する人間がそのプログラムにアダプトすることを強いていないか。

あるいは、そもそもスマート化によって拡張されるのは神経系だけであり、建築がレスポンシブルなものとなった分、かえって人間の身体の活動性が損なわれるおそれもあるだろう。物理的な行動が代替されたおかげで、逆に不健康になるといった懸念も残る。さらに、ＡＩが先回りして勝手に判断するようになると、ワープロソフトの普及によって漢字を書く能力が衰えたように、人間側のセンサーが劣化し、状況判断を行うべき頭脳が思考停止をするようになるかも知れない。

パッシブとアクティブ

果たして、スマート化を通じて建築がレスポンシブになることで、人間はアクティブになるのだろうか。端的に言えば、幸せになるのだろうか。

環境デザインの先駆けである小玉祐一郎は「Passive Design for Active Life」というモットーを掲げている。アクティブで生き生きとした生活のためには、自然エネルギーの活用を旨としたパッシブデザインに則ることが大切であるという趣旨である。[※7] 先述の飼育員の話のように、自然エネルギーを用いた環境制御につきものの変動やムラが生き物としての感覚を刺激し、居住者の環境行動を引き起こすことでアクティブになるという趣旨だろう。逆に、機械を用いたアクティブな環境制御に頼りすぎると、人間は受け身で怠惰になってしまう。果たしてＩＴ機器のおかげでレスポンシブになった建築は、人間を生き生

※7　『窓とパッシブ』一般財団法人　窓研究所

きとさせるパッシブデザインの建築の延長線上に位置付けられるのか、あるいは人を不活性化する究極のアクティブな環境制御建築と位置付けられるのだろうか。

スマート化によって建築と身体が同化すれば、建築はハンドリングしやすいものとなり、さまざまな次元で人間の活動はサポートされる。自らがアクティブに環境制御を行うpleasantness の獲得に繋がるはずである。一方で、環境へのレスポンスを完全にＩＴ機器に委ねることになるとすれば、五感が退化するだけでなく、環境行動が損なわれ、身体性の拡張という快楽（pleasantness）は失われてしまう。幸せには結び付きそうにない。こたつにくるまった老人は、自らの行動範囲をこたつから手が届くところに限定しがちになり、知らず知らずのうちに身体活動が低下してしまうという。スマート化というものが、炬燵にくるまりながら、その手が届くところを拡張するものだとすれば、生き物としてのサステナビリティには繋がるまい。

果たして、スマート化によって人間の活動の幅が拡がるのか、逆に不活性化するのか、いずれだろうか。究極、人をアクティブにするようなＩＴ機器制御のシステムが構築できるかどうかにかかっている。不要な先回りを避け、人間の積極的な関与を前提とするロジックの開発が待たれる。レスポンシブなＩＴ技術が引き起こすスマート化の行く末は、慎重に注視しておく必要があるだろう。

レスポンシブな建築のレスポンシビリティ

もう一つ、レスポンシブな建築には大きな課題がある。レスポンスにあたっての情報収集や指示伝達のための電気信号系の耐用年数はいかほどか、という点である。建築の耐用

fig65　こたつ

fig66　スマート化

年数は、物理的か社会的かの視点によって異なるが、おおむね数十年といったところだろう。しかし、家電の耐用年数は長いものでも一〇年程度である。建築に組み込まれるＩＴ系の技術の耐用年数も家電に準じるか、場合によってはそれ以下になるはずだ。にもかかわらず、先に述べたように建築化家電や家電化住宅の流れが進んでいる。耐用年数が違うものが組み込まれるところに、無理はないのか。そして、それはどのように解決されるのだろうか。

一つは、家電の耐用年数が延びる技術革新を期待する方向性であろう。建築サイドとしては最も安易な解決策だ。しかし、これまでにも家電はさまざまな進化をしてきたが、耐用年数についてのドラスティックな改善は図られていない。買い換えを促すために、あえて家電の寿命が短くコントロールされているといううがった見方もあるが、簡単に耐用年数が延びることを期待するのはいささか楽天的すぎるだろう。

もう一つは、耐用年数の短いパーツだけを簡便に更新できるシステムを組み込んでいくという方向性である。建築には、構造部材とその他の部分を分けて構成していく「スケルトン・インフィル」という考え方がある。構造等の耐用年数の長いスケルトンと、仕上げや設備機器といった耐用年数の短いインフィルを分離し、耐用年数の短い部位を個別に更新できるようにしておくという、一見合理的な考え方である。実は、かつての携帯電話も、同様の考え方に基づき、消耗の激しいバッテリーのみを交換できるようになっていた。しかし、スマートフォンの進化のスピードが速いこともあり、現在では、筐体の複雑化を避け、バッテリー交換を行うのではなく、機種本体をまるごと更新してしまう形にシフトした。建築においても、先に述べたように、すでに建築化家電、家電化住宅という方向性に進んでいる。煩雑なスケルトン・インフィルという考え方に戻るかどうかは疑問である。

fig67　スケルトン・インフィルの建築（NEXT21）、1993年

そのように考えると、スマートフォン同様、建築においても更新のインターバルの短いパーツに合せて全体を更新するという方向に進んでいく可能性も否定できない。つまり、建築の寿命を耐用年数の短い家電に合せていくという方向性である。これまでは建築の寿命を長くすることに注力されてきたが、より短いサイクルで更新される（ざるを得ない）とすると、より簡便な建築が求められることとなる。大文字の建築とはほど遠い、エフェメラルな、刹那的なものとして建築が再定義されよう。消費財としての建築である。しかし、このような形で進化するレスポンシブな建築は、地球環境に対してレスポンシブルな、すなわち責任ある姿勢といえるだろうか。建設・廃棄時に負荷の少ない木質材料などを多用したり、部材レベルでのリユース・リサイクルが容易な材料や構法が開発されたり、という工夫をするのだろうが、それでも疑問は付きまとう。

レスポンシブな建築の行く末には、まだ多くの課題がある。しかし、02で述べたように、二〇世紀における建築のムーブメントは、建築材料とその生産方法というイノベーションから呼び起こされた。二一世紀の大きなイノベーションであるＩＴ技術に基づく変革も受け容れるべきだろう。それは、建築の外形や空間に現れなくとも、建築の本質に関わる大きな変革である。ＩＴ系の技術が提示した、人間の意思や活動への応答性を持つ、「レスポンシブ」な建築の重要性と可能性を考えておきたい。

fig68　かつての携帯電話の交換用バッテリー

1 軒の住宅での CO_2 収支を、建設時・運用時を通じてマイナスとすること（Life Cycle Carbon Minus）を目指した実験的プロジェクトである。再生可能エネルギーの活用や機械設備の効率的な利用だけでなく、建設時での排出 CO_2 の削減も意図している。

「衣替えする住まい」というコンセプトを掲げ、冬は南面の大きなガラス面からのダイレクトゲイン・タイルへの蓄熱を行い、夏は窓を開放し、水平収納式ルーバーを用いて、通風の確保・日射遮蔽を行う、といった形で、衣服のように季節に応じて設えを変化させることを目論んでいる。平面は 3 層のストライプ状で、それぞれアクティブな活動の行われる天井の高い空間（リビング・ワークスペース）、就寝などに対応した天井の低い空間（ベッドスペース）、南に面した移動のための緩衝領域（階段室）として、人間の活動に即した性格の異なる空間構成となっている。機械制御に基づく均質化をゴールとするのではなく、家全体でさまざまなムラを許容し、時間軸での変化も許容する空間の設えとなっている。

This is an experimental project aimed at making the CO_2 balance of one house negative throughout construction and operation (Life Cycle Carbon Minus). The intention is not only to utilize renewable energy and efficient use of machinery and equipment, but also to reduce CO_2 emissions during construction.

Under the concept of "a house like changing clothes", our plan is to change the setting according to the season like clothes. In winter, heat is stored in the direct gain tiles from the large glass surface on the south side and in summer, the windows are opened and the horizontally retractable louvers are used to secure ventilation and to shield sunlight. The plan has three layers of stripes, with a high ceiling space (living space, workspace) where active activities are performed, a low ceiling space (bed space) for sleeping, etc., and a buffer (staircase) for movement facing south, making a spatial composition with different personalities in line with human activities. Rather than targeting for homogenization based on machine control, the space is set up to allow various irregularities throughout the house and to allow changes on the time axis also.

LCCM Demonstration House

LCCM住宅デモンストレーション棟

2011 年

LCCM 住宅研究・開発委員会設計部会
小泉アトリエ

南側外観

2 階ワークスペース

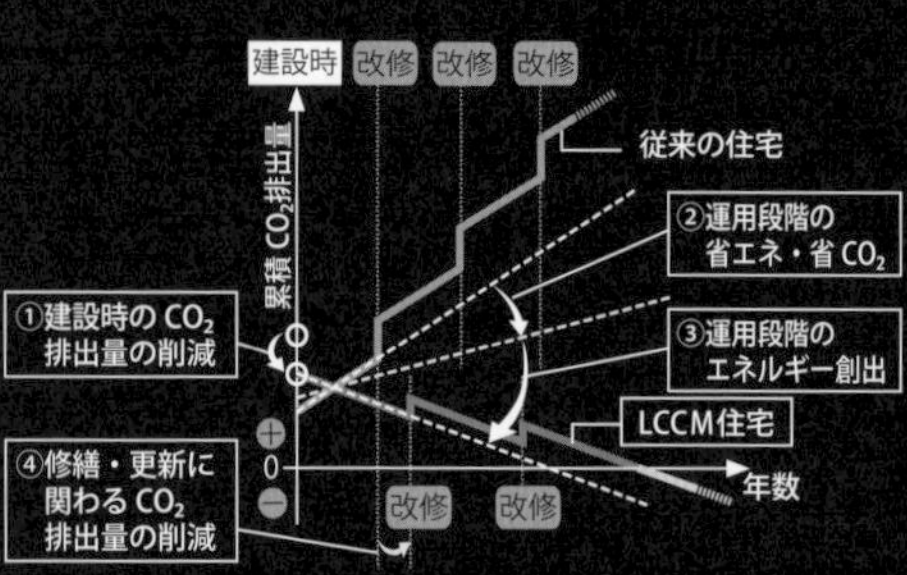

ライフサイクルカーボンマイナスへのステップ

縁側

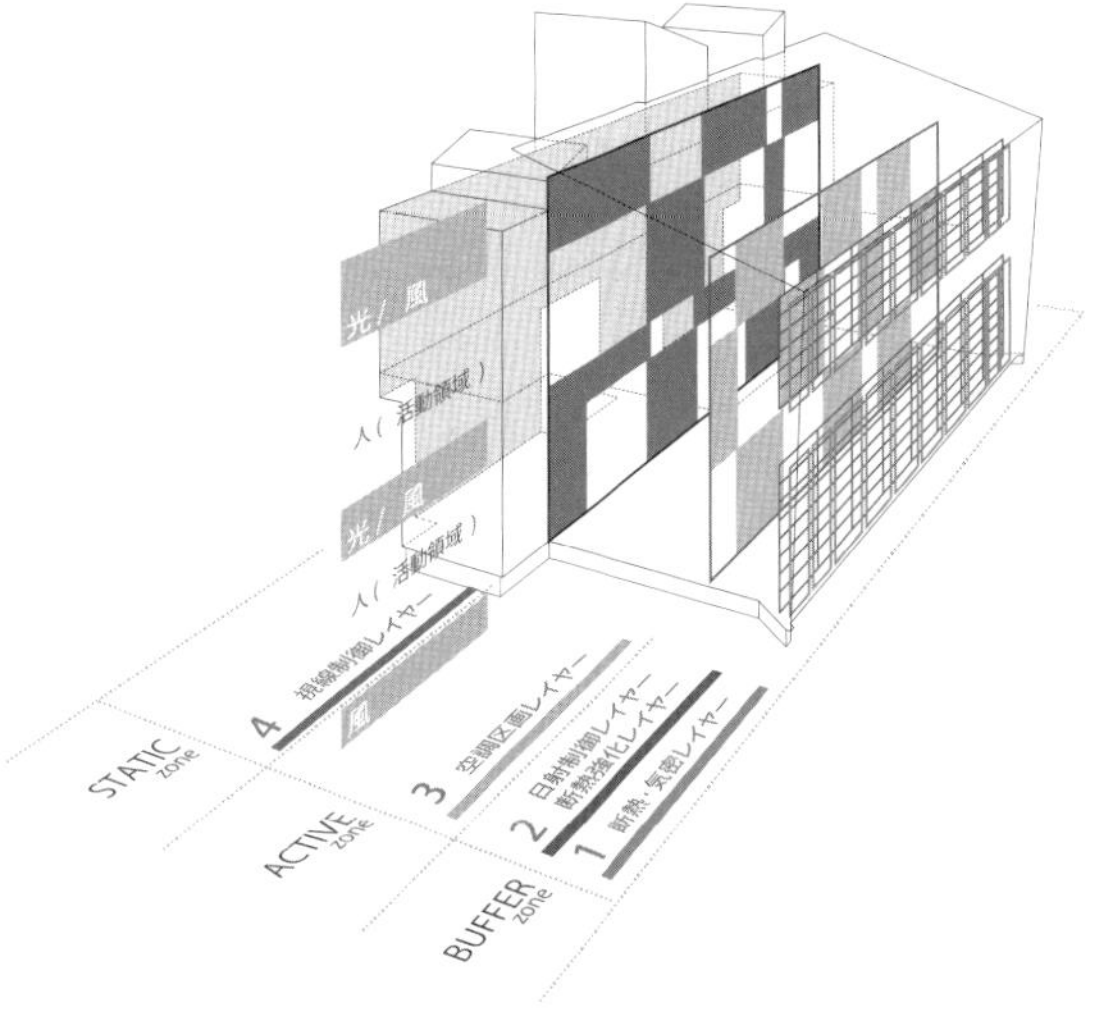

多層レイヤーの構成

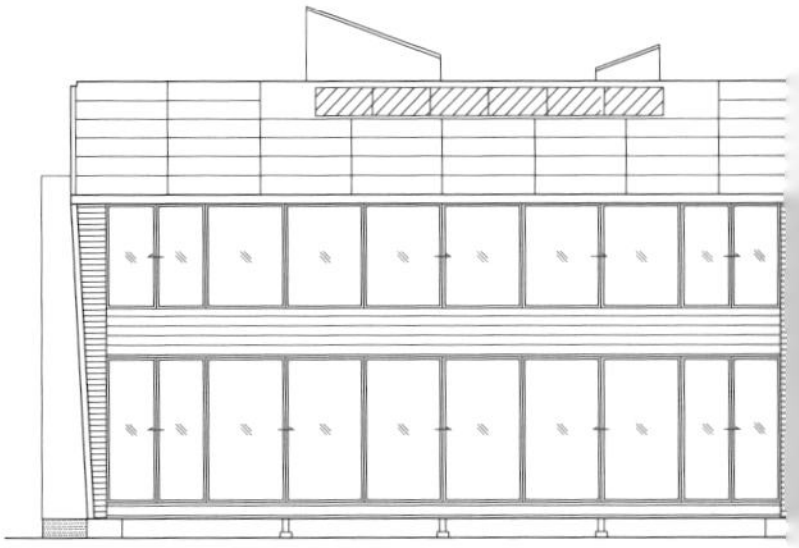

南側立面図

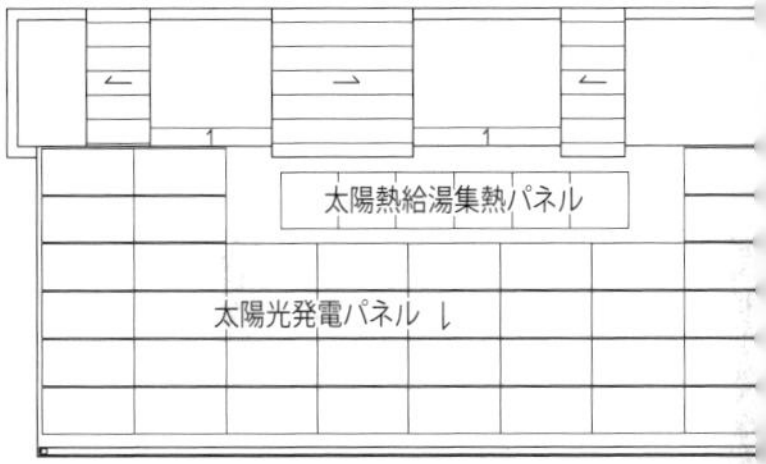

屋根伏図

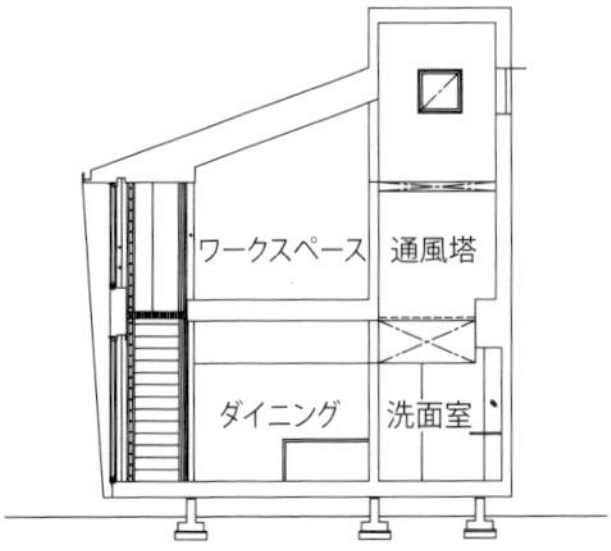

A–A′ 断面図

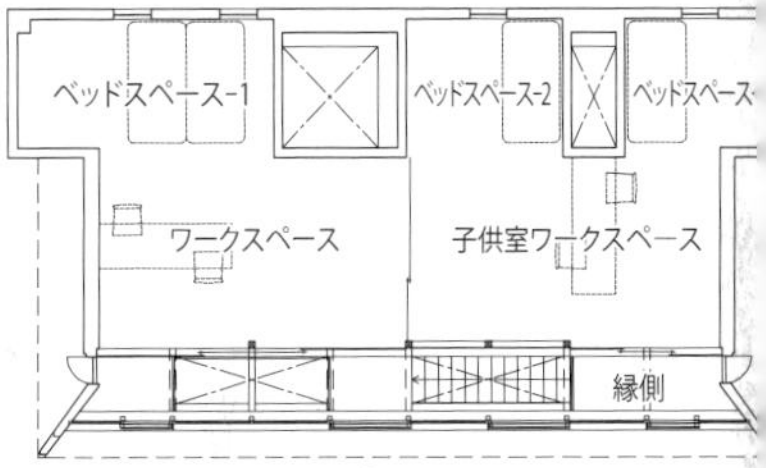

2 階平面図

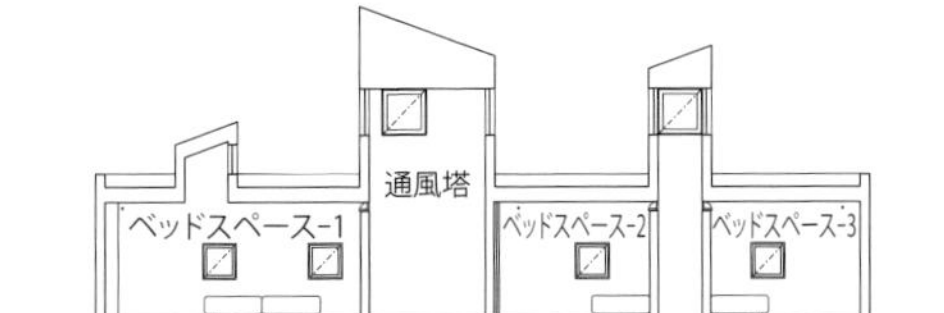

B–B′ 断面図

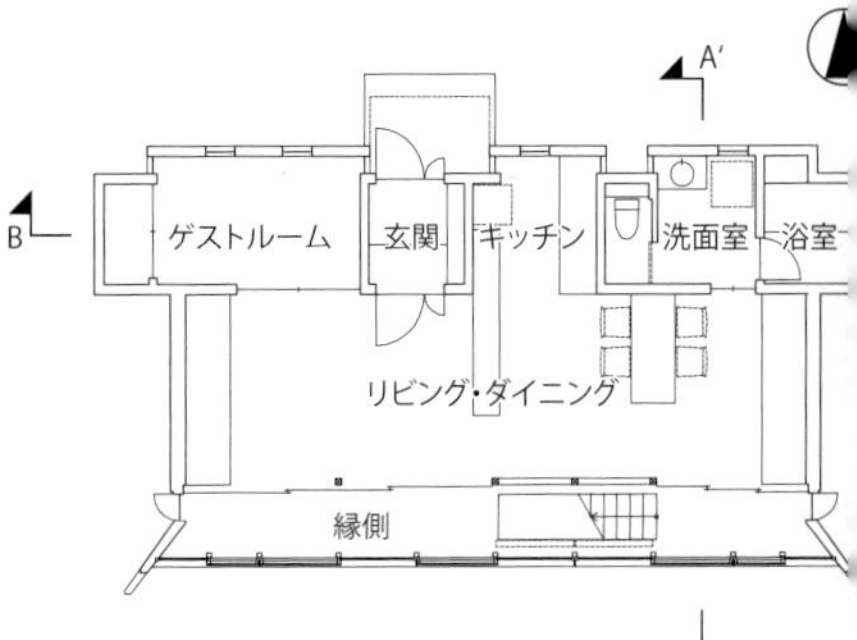

1 階平面図　S=1：250

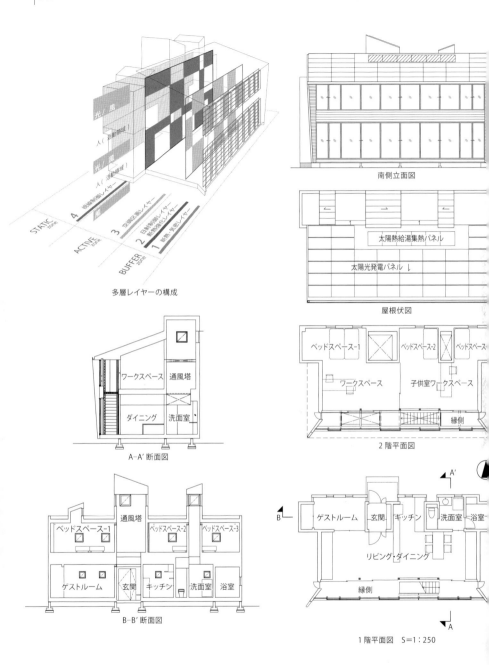

08

隔離・断絶から
オーバーレイへ

グラデーショナルな環境

適当な室内環境を確保するためには、厳しい屋外環境を適切に制御する必要がある。建築評論家ジェームズ・マーストン・フィッチは、

「建築においても最良の戦略は、戦争時と同じく深層防護である。敷地境界線で気象現象に遭遇していれば、壁面での対処はずいぶんと楽になる。(中略) 敵と対戦する場所を決めさえすれば、微気候を有効利用し、これを望み通りに制御するさまざまな建築的手法を開発することができる。[※1]」

と述べている。プリミティブな建築では、壁や屋根といった防御線は脆弱であった。だから、敷地境界から身体の近傍までをフルに活用して、段階的に、少しずつ制御を行っていくことが必須となる。グラデーショナルに環境を形作っていかざるを得なかったのである。

かつての建築における人工的な環境についても、状況は同様であった。イギリスの建築評論家レイナー・バンハムは、著書『環境としての建築』において、ハイエネルギー化が

※1 『ジェームズ・マーストン・フィッチ論評選集』ジェームズ・マーストン・フィッチ著 鹿島出版会、二〇〇八年

進む前の住居における光環境を以下のように記述している。

「毎晩一本のろうそくを一、二時間もやし、こうして得られた乏しい光を、できるだけうまい使い方をすることで、世帯の生活が仕立てられていた—ということは、読書や裁縫など、一番必要のある人は卓上のランプに最も近く、それより必要の少ない人はそれだけ離れていた（後略）[※2]」

と述べている。環境制御を行うツールのパワーや台数、そもそものエネルギー源に限りがある状況下では、グラデーショナルな環境を受け入れていくほかない。光環境だけでなく、暖炉や囲炉裏といった暖房機器による熱環境も同じだろう。環境制御装置の周囲にグラデーションのように環境が形作られ、その環境を生かすような形で、家の中でのアクティビティが配置されていたのである。エネルギーを使って作り出された、環境というジオミトリーを活かした空間利用である。

しかし、壁や開口部といった建築の構成要素の性能が向上するに従って、個々の防御線は強化される。境界の強度が増したといってもいいだろう。段階的な制御など行わなくても、ひとつの境界線上でデジタルに環境を切り替えていくことができるようになった。同時に、ハイエネルギー化が進み、機械設備を使って環境を自在にコントロールする術も得、どこにいても欲する環境を獲得することはそれほど困難ではなくなった。外部環境に合わせてアクティビティをアレンジするのではなく、アクティビティに合わせて環境をアレンジする形へと、住様式もシフトした。

かくして、連続的でグラデーショナルであった建築空間は、断続的なものへと移行した。同時に、建築空間は周囲から遠く隔てられることとなった。建築設計者や設備設計者は、室内環境をいかによくするかに注力し、結果として屋外環境とのつながりへの意識は希薄

※2　『環境としての建築』
レイナー・バンハム著
鹿島出版会、一九八一年

となった。しかし、05で述べたように、一枚のレイヤーで完全に環境をコントロールし、あとは機械設備で力任せにねじ伏せようというスタンスは、少なくとも四季のある地域では、ずいぶんと無理があったのではないか。

失われた外部との応答性

同時に、プライバシーの確保という点からも、室内空間と屋外環境の断絶は進んだ。社会学者の見田宗介は、戦後の社会の中での個のあり方の変化を「寮からアパートへ」と表現している。[※3] 経済的な発展とともに、村落共同体的な集団生活から脱却し、個に対応した領域を確保することが目指された。いわゆる都市的な生活が欲されたのである。都市化されて居住密度が上がり、「集団」という中間的な段階が省かれて、個の領域が社会と直接対峙するとなれば、当然その境界は強固なものとならざるを得ない。戦後の住宅不足への対策として建設された団地では、住戸と共用部との間は遮蔽性能の高い鉄扉で仕切られていた。鉄扉は、個のプライバシーを守りつつ、密度高く居住者を押し込めるためのデバイスだった。

一方で、それらの集合住宅において、しばしばコミュニティの醸成についての課題が指摘されるようになった。鉄扉の裏側で、孤独死などの事態が生じたのである。人びとの活動が建築の内側に閉じこもるとなると、それに伴って外側に向かっての表情も変わってしまう。それは、街路空間の空洞化という形になって表れた。近代的な都市計画に対して異議申し立てを行ったJ・ジェイコブズは『アメリカ大都市の死と生』[※4]において、人の気配の感じられない街路空間が治安上大きな問題となることを指摘し、街の中で人々の活動が見えることの重要性を説いた。

※3 『世界化する都市と建築』PROBE01 Nプローグ、一九九九年
※4 『アメリカ大都市の死と生』ジェイン・ジェイコブズ著 鹿島出版会、一九六九年

労働者の街と知られる横浜市寿町では、簡易宿泊所の居室が狭小であることから、路上にさまざまなアクティビティが表出する。通りを歩くと人々の営みの豊かさに驚かされる。ひと気が少ない街路空間に慣れた者は、居室からまちへと、滲み出すように人々の活動が路上に展開していることに戸惑うだろう。しかし、本来人間は、自らの領域に閉じこもるだけでなく、他者との関係を築いていく社会的な存在であったはずである。プライバシーを重視するあまり、人の活動とまちを断絶させてしまったのは正しかったのだろうか。東日本大震災を機に、さまざまなコミュニティや人的なつながりがクローズアップされたことは記憶に新しい。災害という危機的な状況が生じたときにあらためて、人間らしい生活の本質が見えてきたのではないか。

安藤忠雄の名作である住吉の長屋は、コンクリートの壁で囲われたコートヤードを設け、生活の中で風や光を身近に感じられる住宅建築である。しかし、そのコートヤードは側面を壁に囲まれ、上空に向かってのみ開かれている。まちに対する顔も、コンクリートの壁に象徴的な出入り口が一つうがたれているだけである。近隣に居住していた知人は、その閉鎖的な外観から長らく暴力団事務所だと思っていたという。外との関係を遮断して、別世界を構築する方が、建築的には歯切れがいいのかもしれないが、疑問は残る。

個人の領域と社会との接点は、単純に遮断するということではなく、もう少し段階的であるべきだったのではないか。そして、建築においても、外部との応答性や連続性をキープし、それを丁寧にコントロールしていくことが重要だったのではないか。さまざまな工法や材料が開発されることにより、周辺や外部との関係を遮断することのダイナミズムばかりがクローズアップされるようになったが、もう少し違うところに目指すべきゴールはあったのかも知れない。

fig70　住吉の長屋、1976 年

fig69　寿町のまちの風景

Kotobukicho, Yokohama-shi health welfare interchange center/Municipal housing Kotobukicho sky apartment house

横浜市寿町健康福祉交流センター／横浜市営住宅寿町スカイハイツ

2019年

小泉雅生／小泉アトリエ

労働者の街として知られる寿町では、600m×400mほどのエリアに、狭小な住戸を擁する簡易宿泊所が建ち並び、路上には住戸からあふれ出た人々の日常生活が展開する。この健康福祉交流センターは、街の住人の日常の居場所─「みんなの居間」としての役割を果たすことが期待された。そこで、交差点を内包するかのような広場を設け、広場に面する位置に「まちの縁側」と名付けた奥行きのある軒下空間を配し、誰でもいつでも、気軽に訪れ、そして佇むことができる構えを作り出している。同時に、人々の姿を可視化することによって、人の気配に満ちた寿町の風景を継承しようという意図が込められている。

まちの縁側の上部には、重力換気のための通風塔とスリットで分節された住棟によって、さまざまな高さの塔状のヴォリュームが林立する風景が形作られている。それぞれが自立しながら寄り添う姿は、集落を想起させる。また、色や形の異なるピースが寄せ集められた外壁には、個を全体の中に埋設させるのではなく、それぞれが認識可能な存在であってほしいというメッセージが託されている。

In Kotobukicho, where is known as a town of laborers, simple accommodations with small dwelling units are clustered in the area of about 600 x 400m, and the daily lives of people are overflowing from the dwelling units to the streets. This community center for health and welfare is expected to play a role of "living room for everyone" as the daily place for stay for the residents of the city. Therefore, the plaza that seems to include the intersection is set up, and the deep eaves space named "the Balcony of the town" is arranged facing the plaza in order to create the posture for anyone to visit and stay easily at any time. At the same time, it is intended to inherit the scene of Kotobukicho, which is full of people's presence, by visualizing the appearance of people.

At the top of the roof of the Balcony of the town, ventilation towers for gravity ventilation and segmented residential buildings form a landscape of various heights of towers. The appearance of each buildings standing independent and close to each other is reminiscent of traditional dwellings. The outer wall, which is a collection of pieces of different colors and shapes, is entrusted with the message that each individual should be recognizable, rather than being buried in the entirety.

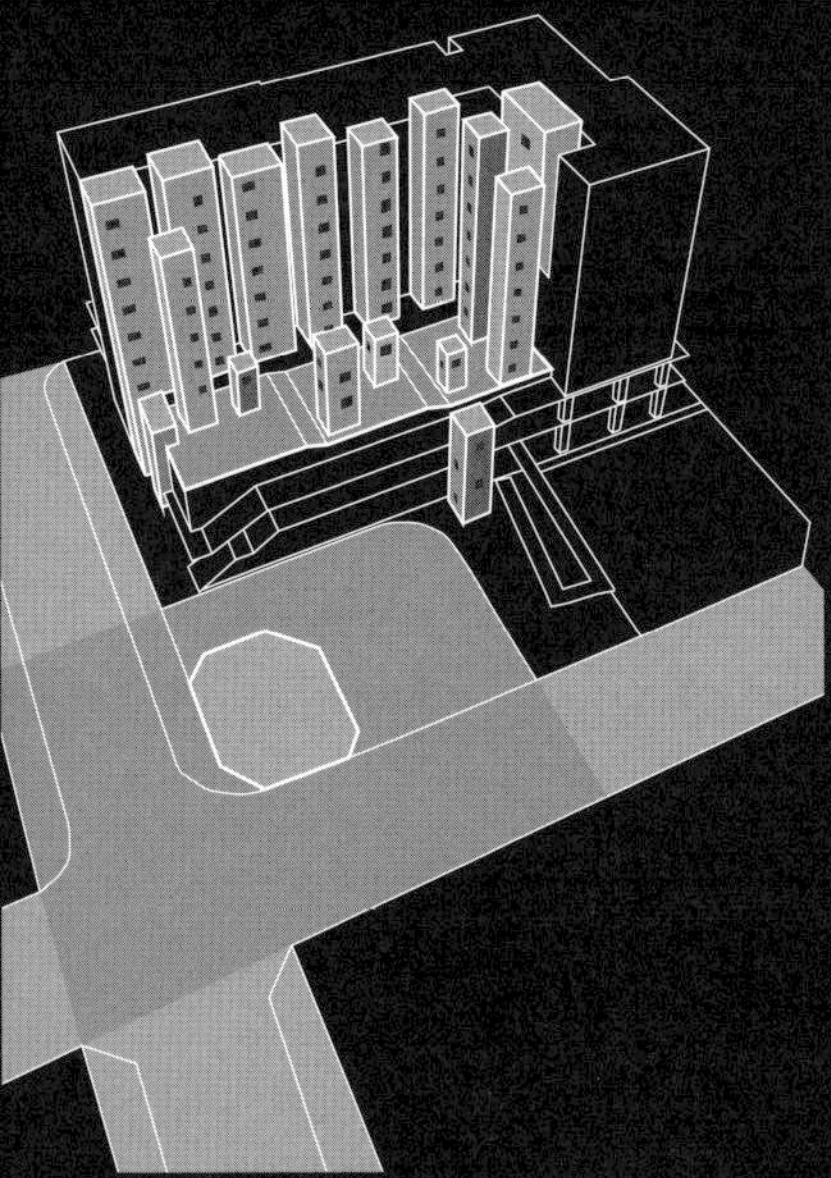

塔の集合コンセプト図

交差点を内包する広場

広場での豆まき

まちの縁側での将棋

まちの縁側

外壁のクローズアップ

極小と極大の共同性のはざま

見田宗介は、村落的な共同体の解体の後に成立するのは、極小と極大の共同性であると予見した。今まさに、家の中での人のつながりにフォーカスしたシェアハウスが隆盛する一方で、ＳＤＧｓのような地球環境やグローバル化した経済などに対応した広範な共通意識も醸成されている。見田宗介の慧眼に恐れ入るばかりであるが、その結果として、建築的に見れば、身の回りの室内空間への興味と地球環境への意識ばかりが肥大し、建築の周辺や近隣街区、都市空間への意識は希薄になってしまったのではないか。今、人々の繋がりを生み出す大きな契機として、スマートフォンを介したＳＮＳが挙げられるが、そこでは空間的な仕掛けが必要とされない。果たして、極小と極大との間の、中間的なレベルでの繋がりは解体されるばかりで、もはや不要ということなのだろうか。

章頭で述べたように、本来環境は、段階的に、あるいはグラデーショナルに形作られる。建築環境と周辺環境との間には相互作用が生じる。同様のことが、プライバシーと周辺環境についてもいえる。自らがおかれた環境―温熱環境や空気環境、さらには同居者との距離や隣人との関係など、自分の周辺に眼を向ける姿勢が、部屋から隣家、近所、地域へとスケールが拡がり、隣人から隣の生き物、そして地球規模の生態系や世界経済やエネルギー問題へと繋がっていく。

その中間レベルでの連続性―それは空間的な連続性とリンクしているのだが―が欠落したとき、それらの回路はもろくも破綻する。仮に、空間的な連続性に頼らずにそれらを成立させようとするのであれば、強固な壁や分厚い鉄扉で遮られた関係性を補完する強力なツールが必要となるが、少なくとも現時点ではそこまでのツールは存在しない。空間的な

fig71　シェアハウス（LT 城西：成瀬・猪熊建築設計事務所）、2013 年

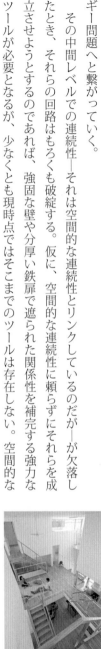

連続性を再評価した方が、現実的だし、よほど効果的であろう。建築や街といった空間レベルでの連続性を、そう簡単に見過ごしてはならないのではないか。

時間の流れの中で

次に、時間軸での連続性について考えてみたい。作り出された建築は、周辺との地理的な関係を結ぶと同時に、必然的に時間軸の中にも、すなわち歴史の流れの中にも位置付けられる。

歴史的な要素を尊重することは、建築を設計する上での一つの作法ともいえる。資源や工法、さらに情報が少ない時代には、因習的なデザインリソースに頼らざるを得なかった。その結果として導き出されたデザイン言語は、地域や民族のアイデンティティへとつながっていった。だから歴史的なコンテクストを活かすことは、その集団に属する人たち—しばしば発注者でもある—の理解を得やすく、受け入れられやすい。しかしそこには、「正しさ」を背景に異論を許さないポリティカルコレクトネス的な危うさがある。歴史的な街並みが続くプラハでは、建物を改変することは厳しく規制され、建築家の創造性はペントハウスの改修くらいにしか発揮できないという。過去の風景にすべての範を求めなければならないとなると、そこにクリエイティビティが立ち入る隙はない。

歴史という時間軸の連続性の呪縛から自由になれれば、デザインの可能性は大きく展開する。そこで、チャレンジングな建築家たちは、時間軸からフリーになるべく、従来の建築言語とは異なる新しい言語を探ることに力を注ぐ。もちろん、プログラムによっては、イノベイティブなものが求められ、連続性よりはむしろ断絶や飛躍が期待されるケースも

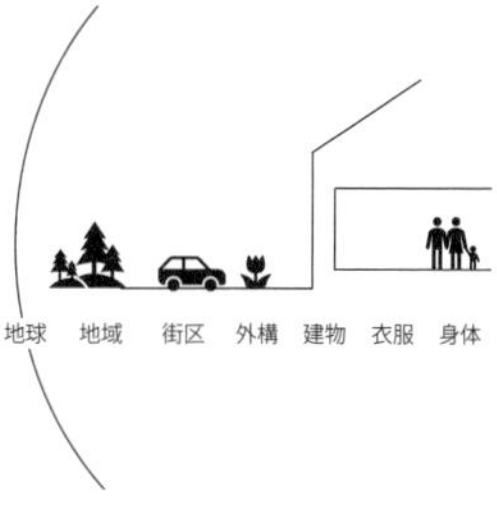

fig72　グラデーショナルな環境

fig73　プラハの街並み

ある。

しかし、首尾よく新しい言語を見つけられたとして、その言語の有効期限はいかほどか、考えてみる必要があろう。横浜では、開港五〇周年にジャックの塔と呼ばれる横浜市開港記念会館が建設され、開港一〇〇周年にはマリンタワーが立ち上がった。しかし高層化していく都市の中で、「塔」が持つ求心力は薄れ、開港記念会館は市民活動の場にシフトし、マリンタワーは経営破綻して別事業者に身を委ねることとなった。そのような流れがあってか、開港一五〇周年の記念事業では、象の鼻パークという市民が集うオープンスペースの再整備が行われることとなった。

あるいは、フランク・ゲーリーが設計をしたビルバオ・グッゲンハイム美術館は、アートオブジェのような建築物を街外れに出現させ、一建築物という枠組みを超え、地域経済を活性化するほどのインパクトを残した。しかし、同じくゲーリーが設計したシアトルのEMP(experience music project)は、遊園地の中の一つのアトラクションとして風景の中に埋没してしまっている。

高く、大きなものを作る技術が一般化するにつれ、高さや大きさは人を引き付ける魔力を失った。同様にいかに奇抜なものを作れるかという技術も、同じ道をたどるだろう。単に、大きさや高さ、形の奇抜さに頼るシンボリックな言語は遠からず消費される。その地に根づき、早々に消費されない良質なシンボルとはいかなるものなのだろうか。見いだされた言語が、新たなアイデンティティとなるまで長く生きながらえられるのか、服飾と違ってライフサイクルの長い建築では、そこが問われることとなる。

fig74　横浜市開港記念会館

fig75　EMP、2000年

Zou-No-Hana Park/ Terrace

象の鼻パーク／テラス

2009年
小泉雅生／小泉アトリエ

横浜開港の地である象の鼻地区を、開港150周年記念事業として再整備を行ったものである。復原された湾曲した波止場の形状を延伸し、サークル状に内水面を囲むように、壁柱状のスクリーンパネルを配置している。スクリーンパネルには照明が組み込まれており、港町である横浜の原点を可視化する印象的な夜景を作り出す。小さなオブジェを連続的に配することで、大きな風景を描き出そうという試みがなされている。

象の鼻パークでは、既存の高架の軌道が作り出す高低差を活かして、海を見渡すことのできる芝生の緩斜面が設けられている。斜面に掘り込まれた園路は、周囲のランドマークへの軸線に応答したものである。さらに、文化芸術発信拠点となる休憩所は、周辺の歴史的建造物へのビスタや夜景をディスターブしないよう、緩斜面に半ば埋もれている。敷地内外の既存要素を活かしながら、さまざまな場所を作り出していくことが意図された。

The Zou-No-Hana district, the site of the opening of Yokohama Port, was redeveloped as a project for the 150th anniversary of the opening of the port. The shape of the restored curved wharf is extended, and the wall columnar screen panels are arranged so as to surround the inland water surface in a circle shape. Lighting is equipped in the screen panel, creating an impressive night view that visualizes the origin of the port city of Yokohama. Here is an attempt to create a large landscape by continuous small objects.

In the Zou-No-Hana Park, taking advantage of the height difference made by the existing elevated track, a gentle slope of lawn is installed from where the sea can be overlooked. The garden road dug on the slope corresponds to the axis of the surrounding landmarks. Additionally, the rest space, which serves as a base for transmitting culture and art, is half-buried on the gentle slope so as not to disturb the vista of the surrounding historic buildings or the night view. It is intended to create various places while making use of existing elements around the site.

サークル状に配されたスクリーンパネル

芝の屋上のある象の鼻テラス

全景

象の鼻テラス

夜景

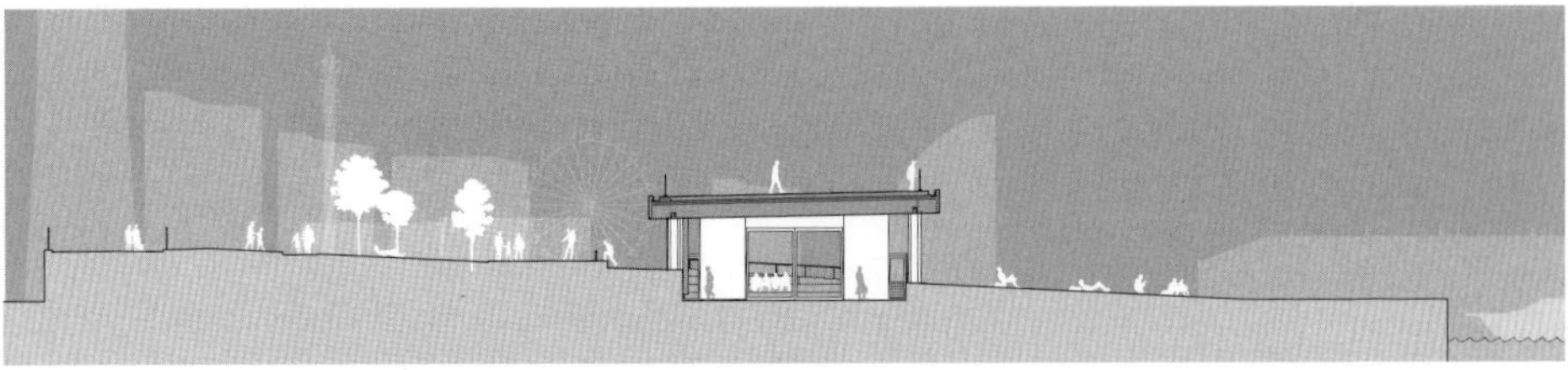

断面図

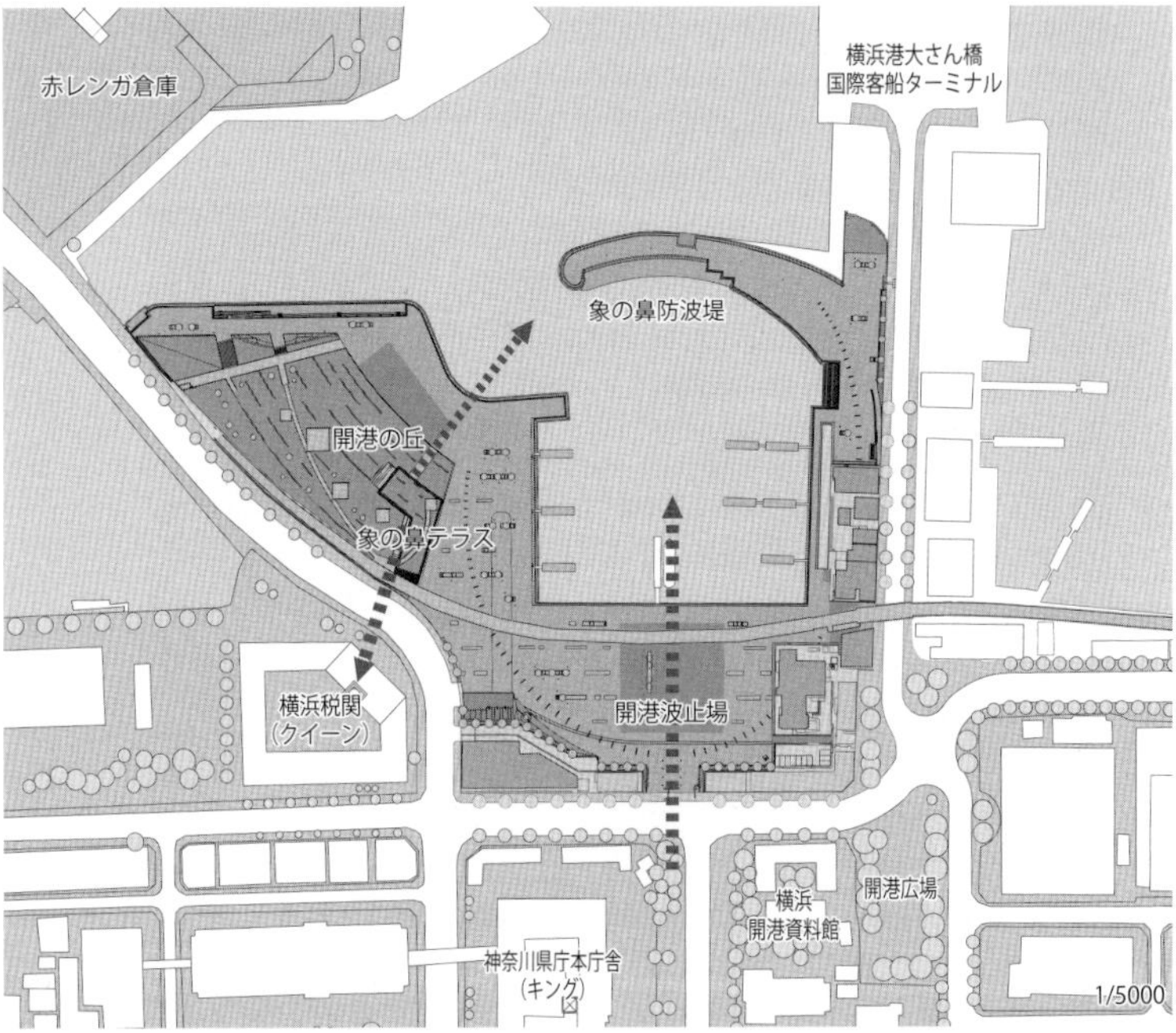

配置図　S=1：5,000

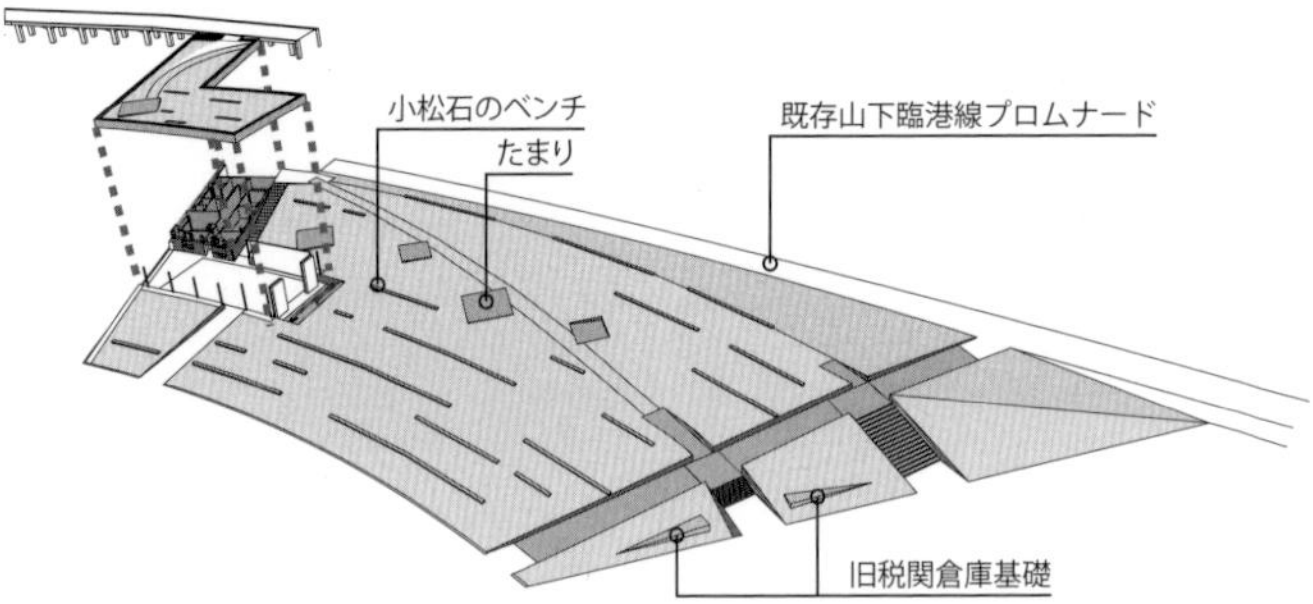

象の鼻テラスと開港の丘の関係

コンテクストに対するスタンス

建築が街並みという上位概念に支配され、まちが歴史的なコンテクストで埋め尽くされるとなれば、観光資源にはなるかもしれないが、いずれテーマパークと化してしまうだろう。建築をデザインする側からすればいささか息苦しい。一方で、新しい言語を用いて今までとは異なる風景を作り出せたとしても、その地において新奇なだけで、実は他のいろいろなところにありそうな風景だったりする。地理的、歴史的な連続性の中で、設計者はどのようなスタンスをとるべきなのだろうか。

ドイツのハノーファー近くに、フォルクスワーゲンの工場のあるヴォルフスブルクという街がある。街の中心部には、商業施設や公共施設が建ち並ぶポルシェ通りがあり、緑陰やベンチが配された魅力的な歩行者空間となっている。南北一km強の通りに、文化センター（A・アアルト、一九六二年）、劇場（H・シャロウン、一九七三年）、サイエンスセンター（Z・ハディド、二〇〇五年）と、異なる建築家による年代も異なる三つの建物が配置されている。

文化センターは、ポルシェ通りの中ほどで、市役所の隣に位置し、まさに街の中心にある。コーナー部分にアアルトらしい扇型のヴォリュームが配され、ランドマーク的な役割を果たしているが、ヴォリュームは分節化され、かわいらしいスケール感に抑えられ、周辺の街並みとなじんでいる。その足元には軒下の歩行空間が確保され、カフェやギャラリーが面している。隣接するマーケット広場から賑わいが引き込まれ、軒下を多くの人々が行き交う。室内に入ると、図書館では書棚に囲まれた落ち着いた領域が形成され、さまざまな素材が温かみを感じさせるインテリアとなっている

fig76　ヴォルフスブルク

fig77　ヴォルフスブルク文化センター、1962 年

fig78　ヴォルフスブルク
文化センター図書館、1962 年

南端の公園に位置するシャロウンの劇場は、劇場建築の必要とする大きなヴォリュームを角度の異なる壁で注意深く分節化し、緑豊かな風景に溶け込ませている。室内ではロビーから客席までリニアに空間が展開するが、客席の周囲には広々としたホワイエ状の空間が一体的に設けられている。非日常体験のための鑑賞空間を、周囲から完全に遮断するのではなくホワイエと連続させることで、あくまで連続的な体験がなされる場として、一連のシークエンスの中に位置付けている。一方、アプローチは、なぜかポルシェ通りからは回り込むような形となっている。あえて、軸線をずらして、非日常性を演出したのだろうか。

サイエンスセンターは北端の線路際で、その先のフォルクスワーゲンの工場エリアと繋がる位置にある。ハードペーブで覆われたドライな風景の中に、巨大な宇宙船が突如舞い降りてきたかのような様相を呈している。日陰もない建物の周囲には人影がない。外界との接点が限られたがらんとした室内で遊ぶ子どもは、遊離したサイバースペースの中にいるかのようである。科学技術によって描かれる未来像を示唆しているのかも知れない。この建物にアアルトやシャロウンのような人間味が感じられないのは、工場地帯に隣接するからだけではないだろう。

連続的な風景の中で

三つの建築の中で初めに建設された文化センターは、中心部にあることもあり、周囲との応答性が強く意識されている。扇型のヴォリュームに建築家としてのプレゼンスが示されてはいるが、かなり控えめである。周辺との連続性を素直に建築に反映させたものとい

fig79　ヴォルフスブルク劇場、1973年

fig80　同右ホワイエ

えよう。その甲斐もあってか、多世代の人々に利用され、この地に定着した建築となっている様子がうかがえた。

それに続くシャロウンは、もう少し自らの主張をしたかったのだろうか、都市軸からずらすという非連続的なスタンスをとっている。しかし、室内では逆に連続性を重視し、市民の日常的なアクティビティの延長に劇場を位置付けている。閉じがってな劇場空間を、コンティニュアスに設えるところに主張が込められている。さらに時代が下って建設されたサイエンスセンターでは、建築家のプレゼンスの示され方はもっと強烈だ。周囲との関係を拒絶し、自分だけの世界を作るかのような佇まいである。人を寄せ付けない砂漠のようなランドスケープであるが、周囲に迷惑をかけないように引きをとっているという点ではむしろ良心的であったのかも知れない。とはいえ、隔離されているように見えなくもない。

このように三者の周辺との関わりに対するスタンスは大きく異なる。そもそもデザインという概念は差異化を志向するので、何らかしら今までと異なるアプローチをとろうとするのは、デザインをする者の性といえる。しかし、時代が進み、情報量が増えるに従って、より極端なアプローチが求められるようになり、結果、ひたすらに目立つことを目指すいわゆる「ルック・アト・ミー建築」ばかりが取りざたされることとなった。

日本においては、ハディドの新国立競技場のコンペ案が景観との兼ね合いから大きな波紋を呼んだ。磯崎新は、伝統的な集落の中の庁舎を計画するにあたって「舞い降りた宇宙船」と称して、周辺から徹底して異物であることを追求した。[※5] ヴォルフスブルクでハディドが実現した建築は大きなインパクトを残した。しかし、ひたすらに風景を異化していくことに意味はあったのだろうか。いずこからか飛来した宇宙船は、着地して風景を異化す

fig81　ヴォルフスブルクサイエンスセンター、2005 年

fig82　同右インテリア

※5　神岡町役場　『新建築』一九七八年九月号　新建築社

るという目的を果たしたら、あとかたもなく飛び立つ方が鮮やかだったのではないか。
しかし、建築はそう簡単に飛び立つことはできない。

コンテクストのオーバーレイ

表現者としての建築家は、余計なしがらみから離れ、自由に創造することを欲するだろう。一方、文化の継承者としての側面からは、連続性を強く意識すべきという考え方もある。もちろんプログラムや敷地条件に左右されるのでどちらが正しいとは一概にはいえないが、コンテクストを活かしながら、新たな建築表現の可能性を広げていくことは考えられないだろうか。

最近、リノベーションやコンバージョンという言葉をよく聞く。既存の建物や空間といったストックに手を加えながら活用していく手法であるが、単に物理的な資源として利用するのではなく、歴史的なコンテクストを含めて活用していくところにそのダイナミズムはある。既存建物の上に、建築家の新たな意図や意思が展開することとなる。継承しつつオーバーレイしていくところに、従来とは異なる新しい作品性がある。

しかし、リノベーションの中には、スケルトン状態にしてまったく新たなものとしてリニューアルすることを目指す向きもある。資源の有効活用という点では有意義であるとしても、コンテクストの継承という点では疑問が残る。地形を活かすのではなく、造成をかけてフラットにしてしまうようなものである。読み取るべきコンテクストを躯体に限定してしまうこととなれば、リノベーション・コンバージョンの魅力を損ねてしまうだろう。

オーバーレイをしていく考え方は、リノベーションやコンバージョンに限らず、街並み

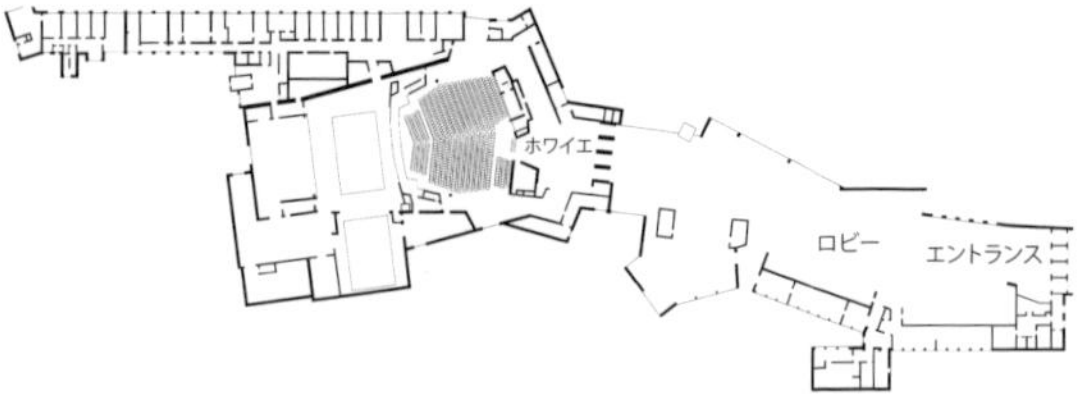

fig83　ヴォルフスブルク劇場平面図

fig84　ヴォルフスブルクサイエンスセンター

や景観を活かしていくのにも有効である。先に述べたように、建築環境と周辺環境とは相互連関している。自分の身の回りの環境だけ整える、ということにはならないはずだ。同じように、建築群が形作る歴史や景観も、相互作用の下に成立している。自分一人で景観や歴史を作るということにはならないはずだ。地理的な拡がりや時間の流れに対して、対比的・批評的なスタンスをとることもありうるだろう。

しかし、隔離というネガティブな結果に陥らないためには、地理軸や時間軸での自らの立ち位置を認識し、対話を閉ざすことなく、柔軟な姿勢で臨むことを求めたい。

fig85　学校のコンバージョン
（アーツ千代田3331：佐藤慎也＋メジロスタジオ）、2010年

MEGATA
(Molding House)

メガタ

2003年
小泉雅生／C+A

広大な敷地内には大正年間に建設された伝統的な母屋があり、その裏側の樹木と敷地境界との隙間に計画された別棟である。母屋の凹凸のある壁面、既存樹木の枝張りのアウトラインをスムーズに結ぶことで得られた外形線を、そのままヴォリューム形状に活かしている。すなわち、母屋や既存樹木を「雄型」として、それらを包み込む「雌型」としてのヴォリューム形状となっている。この新たなヴォリュームは、母屋とは対照的に曲線で構成され、特徴的なインテリア空間を導き出している。既存構築物に挟まれた閉塞感のある隙間を、流動的で広がりのある空間へと転化させている。

ここでは、既存の要素に対して同化させるのではなく、また無関係を装うのでもなく、まさに「地形」と「建築」のような応答性を持った関係として増築部分を扱っている。将来、母屋が取り壊され、樹木が朽ち枯れた際には、この建物は母屋や樹木の記憶をその形状にとどめることとなる。

次に、母屋が建替えられるときには、この建物を新たな「雄型」として、次なる建物が「雌型」となっていく。ネガとポジが反転していき、建築物によって敷地のコンテクストをリレーしていくこととなる。

There is a traditional main house built in the Taisho era on the vast site, and this is a separate building planned in the gap between the trees on the back side and the boundary of the site. The outline obtained by smoothly connecting the uneven wall surface of the main building and the outline of the branching of the existing tree is utilized directly in the volume shape. That is, it has a volume shape as a "female mold" that encloses the main building and existing trees as a "male mold". This new volume, in contrast to the main building, is composed of curved lines, deriving a distinctive interior space. The closed gap between the existing structures is transformed into a fluid and expansive space.

Here, the extension is treated like a responsive relationship between "landform" and "architecture", rather than assimilating it to existing elements or pretending to be unrelated. In the future, when the main building is demolished and the trees decay and die, this building will retain the memory of them in its shape.

When the main building is rebuilt in the future, this building will be a new "male mold" and the next building will be a "female mold". Negatives and positives will be reversed, and the context of the site will be relayed by the building's shape.

外観

内観

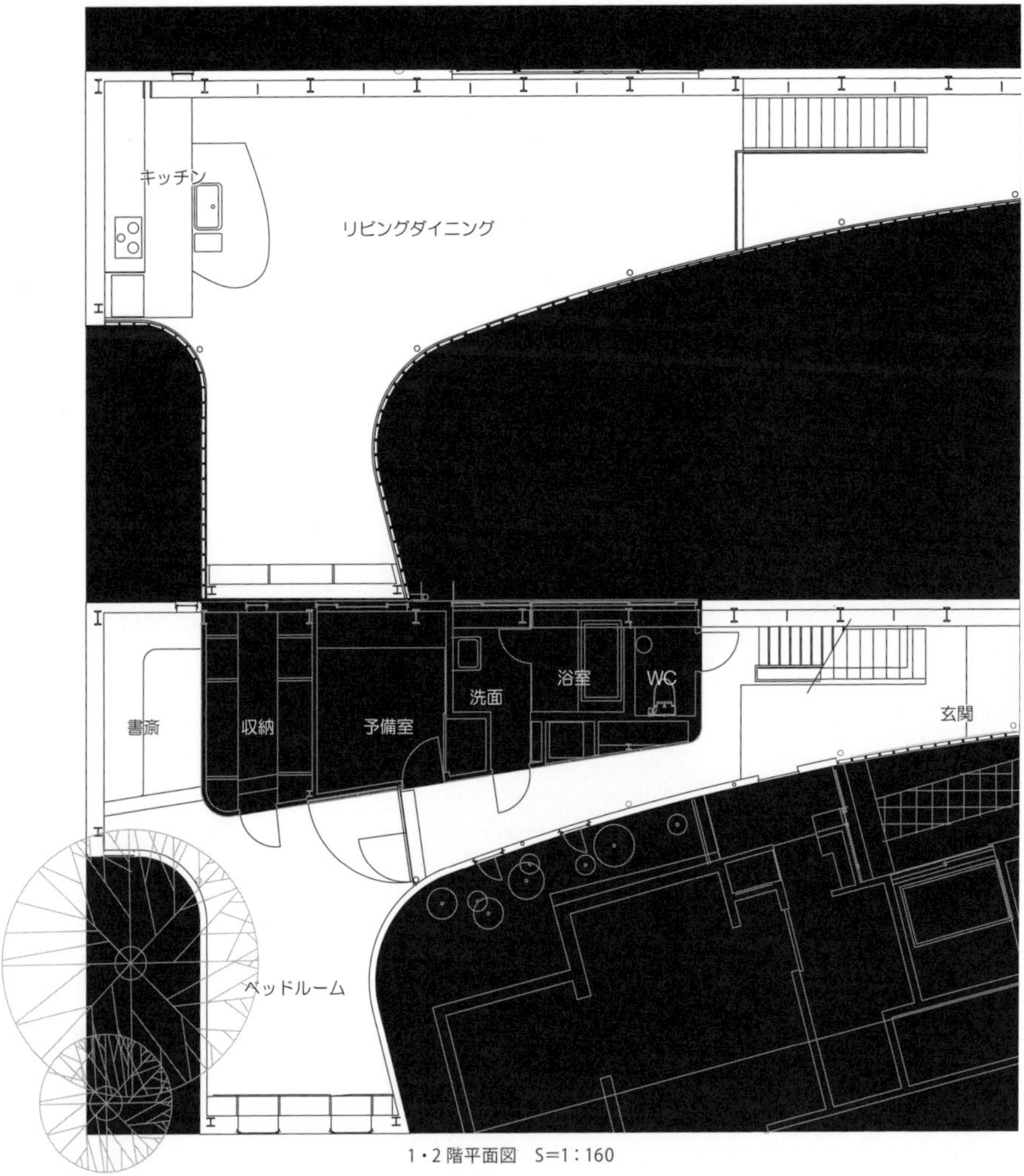

1・2階平面図　S=1：160

Toyono Elementary School and Junior High School

宇城市立豊野小中学校

2013年

小泉アトリエ・SDA設計共同体

既存の中学校敷地に、増築をすることで計画された施設一体型の小中一貫校である。既存構築物である羊羹型の校舎と体育館との間のオープンスペースに、新たな小学校のヴォリュームが挿入された。オープンスペースを充填するかのように、柔らかな曲線で構成された平面形状となっているが、断面的にも下部の機能に応じて天井高さが変化し、うねるような屋根形状となっている。一方、教室配置はオーソドックスな片廊下、平行配置型のフィンガープランであり、形態的には既存校舎と対比させつつ、教室まわりは従来を踏襲したものとしている。

新しい校舎の中央部には、小・中学生に共用される図書室と多目的室（ランチルーム）が設けられており、二つの学校の繋がりを生み出している。さらに、RC造の自立壁の上に木造の集成材の梁を一方向に架け、校舎内のどこにいてもいろいろな方向に延びていく屋根が感じられるようにして、一つ屋根の下という一体感を醸成している。

An integrated elementary and junior high school planned by extending the existing junior high school building. The new volume for the elementary school was inserted into the open space between the existing structures, the rectangular parallelepiped-type school building and the gymnasium. The shape of the plan is composed of soft curves as if filling the open space. As to the shape of cross section, ceiling height changes according to the function of the lower part, making undulating roof shape. On the other hand, the classroom layout is an orthodox corridor and classroom type, and parallel layout of finger plan. While the volume shape contrasts morphologically with the existing school building, the classroom style is based on the conventional one.

In the center of the new school building, there is a library and a multipurpose room (lunch room) shared by elementary and junior high school students, creating a connection between two schools' kids. In addition, a wooden laminated beams are installed in one direction on a self-supporting reinforced concrete wall, so that they make students feel the extending roof anywhere in the school building, fostering a sense of unity as "under one roof."

既存建物の間に展開するヴォリューム

多目的室

緩やかにうねる屋根

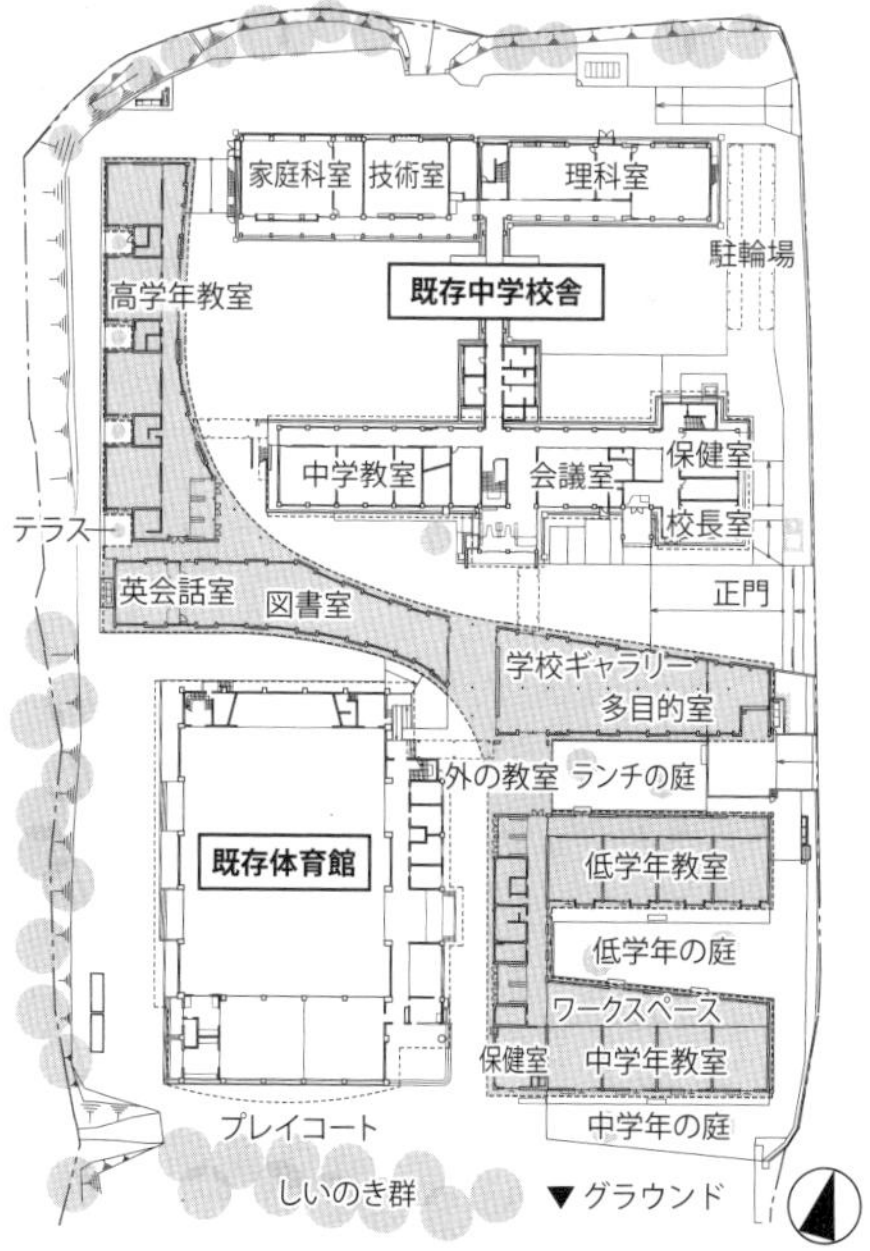

平面図　S=1：2,000

09

細分化から インテグレーションへ

設計プロセスの分業化

一九七〇年代に、『タワーリング・インフェルノ』という映画が評判を呼んだ。ポール・ニューマンが演じる建築家が設計した超高層建築が舞台であり、その建物のオープニングセレモニーの最中に火災が発生する。建築家は、火災の原因が配線工事の不備であることを突き止めるとともに、建物の構成を熟知していることからセレモニーの来賓の避難・救出に尽力するというストーリーである。映画の上では、建築物の隅々までが建築家の頭の中に入っているので、八面六臂の活躍が可能という設定だったわけだが、一つの都市とも言えるようなスケールの構築物であり、五〇年前といえどもそこまでの役割を建築家に期待するのは無理があろう。さらに建築が巨大化、高度化、複雑化している現代では、より建築の全体像をつかむことは容易ではなくなっている。

規模が大きい建物の設計チームは、高度に分化したプロフェッショナルの集合体として構成され、部位や工種ごとに切り分け、分業化した形で進められる。構造・設備（機械、

fig86　タワーリング・インフェルノ、1974 年

電気）といったエンジニアリング部門だけでなく、照明・ランドスケープ・家具・サインといったジャンルのデザイナー、音響・防災といった技術面でのコンサルタント、さらには計画アドバイザーや利用者との対話をサポートするためのワークショップのファシリテータなどがチームに加わることもある。アメリカの建築家フィリップ・ジョンソンは、各種のコンサルタントとの打合せに忙殺される自らの設計作業を、自嘲的に「交通整理」と語ったという。

そのような状況を経て、最近では、デザインアーキテクトという名称のもとに、表面的なファサードや色彩をコントロールすることだけが建築家に期待されるような場面も出てきている。交通整理の役割すら放棄し、分業化された一パートを担当することを受け入れたということである。小規模な木造の戸建て住宅であっても、分業化が図られるケースが増えてきた。経験値で推し量るというようなことはもはや許されず、厳密な省エネ性能や構造耐力の確保が求められることから、設備設計者や構造設計者、省エネ計算のサポートが必須という状況なのである。

ポール・ニューマンが演じたように、建築家が総合的な視点を持ち、全体を完全に把握するというようなことは、もはやあり得ないのだろう。分業化を余儀なくされた現在の建築家像は、医師や弁護士とならび、総合的な視点を持つ職能として特筆されるべき存在であったかつてのそれとは、大きく異なっている。しかし、分業化が進み、各種の専門分野を他者に委ねることの代償として、それらの専門分野へ建築家が積極的に関与していく機会がなくなるとすると、それは大きな問題であろう。せめて、それらの専門家とコラボレーションして、ともに議論して考えるというスタンスが求められる。

建築学の細分化

実は、設計体制の分業化と軌を一にするように、建築学という学問分野の細分化がある。構造学は鉄骨や地盤といった形で構造種別や部位ごとに、環境工学は熱・風・光といったフィジックスごとに、計画学は細かいビルディングタイプごとに専門が分かれ、それぞれの分野で微細な研究が繰り広げられる。これも学問の高度化に基づくとされるが、その実態は、研究者間での差異をアピールするために、細かく、狭くなった分野の中で、さらなる細分化が図られた結果でしかない。

「箱をいかに作るか」が建築の主題であった二〇世紀においては、こういった細分化して精緻を極めていくスタンスで齟齬は生じなかっただろう。建築の各パーツの精度を上げていけば、総体としても合理的な建築へとつながっていくと信じられた。合理的な構造システムに基づき、耐候性の高い建材を用い、省力化した構法で、より高い省エネ性能を保有することが追求された。精密機械を作るかのごとく、建築を微分的に捉えていくスタンスで差し支えなかった。

しかし、02で述べたように、いまや主題は「箱と周囲との関係」にシフトしている。いかに、部分が正しくとも、総体としての建築が必ずしも周囲と適切な関係を取り結ぶとは限らない。建築の外側までを視野に入れた横断的、相互的、総合的な視点に立つことが求められる。そこで求められるのは、建築に関わるさまざまなファクターを総合化─インテグレートし、複数の評価軸で相対的に検証していく姿勢である。現在の構造力学や環境工学、建築計画学のような、過度に細分化していくスタンス、視点の持ち方では、到底そこにはたどりつかない。

建築と同じく高度なプロフェッションとして挙げられる医学の世界には、臨床研究という概念がある。実際の患者の診察・治療の中で得られた知見を、学問にフィードバックしていこうとするものである。その手前の段階の基礎研究といわれる分野と対となる、重要な位置付けがなされている。臨床研究という分野が重視されるのは、個別性の高い生身の人間を扱うがゆえであろう。机上で技術や論理を細分化して掘り下げていくのと同時に、アプライしていく段階で生じる課題を検証していく視点が不可欠なのである。かくして、臨床研究の医学者は、臨床とともに、つまり診察しながら、自らの研究を進める。それが医学者としての基本的な姿勢であるとされている。

建築学の分野も、医学同様、プロジェクトごとの個別性が高い。基礎研究という細分化していく視点だけでなく、臨床研究のようにそれらを実地に適用していくフェイズではじめて明らかになることも多い。本来ならば、研究者も実地のプロジェクトに関与し、それを研究へとフィードバックしていくスタンスが求められる。しかし、現実の日本の建築学の研究分野においては、臨床研究のように実務を踏まえながら研究を進める教員の数はきわめて限られている。実地に適用する段階で生じた課題を、研究へとフィードバックする回路にはなっていないのである。そのため、すでに実質的な研究テーマはあまり残っていないにも関わらず、研究分野という既得権益を維持するために、効果の期待できない研究を掘り下げることとなる。もはや自己満足・自己保身のための研究であり、研究のための研究でしかない。かくして、現実から遊離した、精密な建築学が一人歩きすることとなる。

今後、臨床建築学とでもいうような、従来の学問分野を超えた視点が求められるだろう。近年、リノベーションやコンバージョンといった既存活用や、時間軸を組み込んだ施設マネジメントといった分野に目が向けられるようになったのは、その一つの表れといえよう。

評価システムという微分化

建築を細分化して、その内側の傾向を細かく分析・把握していく姿勢は「微分化」とでも呼ぶことができる。本来であれば包括的、連続的であった建築や環境を、部分の集積として捉える方向である。

学問分野と同じく、建築を微分化していく流れから導き出されたのが、各種の建築評価・認証システムである。二〇世紀の終盤から二一世紀の初頭にかけて、世界各地で研究、開発、そして普及が図られてきた。主だったものとして、米国のLEED(Leadership in Energy and Environmental Design)、イギリスのBREEAM(BRE Environmental Assessment Method)、そして日本におけるCASBEE(Comprehensive Assessment System for Built Environmental Efficiency)などが挙げられる。それぞれ内容は異なるが、分野ごとに評価を行い、その評価点を合算して得点を算出し、建築物のラベリング、ランキングを行うという点では共通である。住宅を対象とする住宅性能表示も、同様の考え方に基づいた制度となっている。

これらの評価システムは、複雑な建築を、性能という面から分解し、誰にでもわかりやすい形で評価し、さらに明示したという点で、画期的であった。さらに、そこで示された建築の性能が、不動産価値に結び付けて捉えられるようになったことも意義深い。建築における性能向上への強いインセンティブとなったのである。その点も高く評価されよう。

しかし、評価システムが広く普及するに従って、評価システム上で高得点を得ることを目的とした設計を行うという現象が生じてくる。建築を部分に切り分ける評価システム対策として、全体はさておき細かく部分点を稼いでいくという手法がとられるようになった

fig87　LEED

fig88　BREEAM

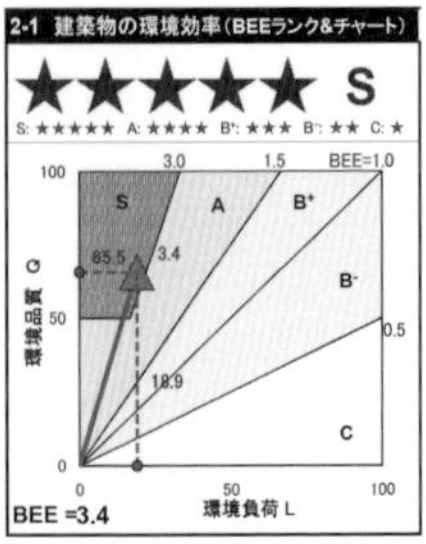

fig89　CASBEE

のである。本来ならば、それらの評価システムはあくまで出来上がった建築を評価するためのものであったはずなのに、いつの間にかそれを参照して設計を行う、いわば設計ツールのような位置付けになってしまった。

性能を測るための手段が、設計の目的へといつの間にかすり替わってしまったのである。学力を測るための入学試験が、傾向と対策と称される小手先のテクニックの習得の場に置き換えられてしまったことが思い起こされる。

総合的であるべき建築に対して、定量的な評価を行うということの意義を否定するものではない。複雑化して全体の掌握が困難になってしまった建築を、コントロールするためのツールとして機能している部分もある。したがって、評価システム自体がまずいわけではない。それを受け止める設計者側の問題なのである。部分に対する評価を緻密に行えば行うほど、大きな全体像は見失われかねない。評価システムが広まっていく裏側で、設計者や研究者の全体への視点、ホーリスティックな感覚が失われてしまうとすると、それは極めて危険なことといえよう。

『都市への権利』[※1]を記したアンリ・ルフェーヴルは、「細分化された科学から一つの都市の科学を引き出す」ことはできないと語っている。「都市」という言葉を、巨大化・複雑化した「建築」と置き換えられるだろう。例えば、劇場コンサルタントによる過度のスペック重視主義が、全国のホール建築の均質化を呼び起こし、非日常体験の標準化というわけのわからない事態を引き起こしている。同様に、環境建築においても、単純に数値化をすることの危険性を、建築家は十分理解しておく必要があるだろう。

※1　『都市への権利』アンリ・ルフェーヴル著　ちくま学芸文庫、二〇一一年

発注者におけるセクショナリズム

細分化していく傾向は、建築を作る側だけでなく、建築を発注するサイドにも見られる。公共建築の発注者である役所には、縦割り行政と呼ばれるセクショナリズムが根を張っている。規模の大きな自治体に、その傾向は顕著である。

行政サービスの多面化を背景に、自治体内にはさまざまな部局が存在している。各部局においては、対応すべき分野を明確にして守備範囲を限定した方が、成果を数値化しやすい。したがって、守備範囲に入るかどうか微妙なところには足を踏み入れない。さらに、縦割り行政の壁の向こう側となる他の部局のことには、決して口を差し挟まない。お役所仕事と揶揄されるゆえんである。それぞれの部局は、自らの部局益のみを主張する。本来連携することによって効果的に解決する、あるいは連携しなければ解決できない事案もあるはずである。各部局の個々の判断は妥当だとしても、本質的に大事な部分が見過ごされかねない。

ある複合施設となる公共施設で、二つの部局が原局となるため、エントランスホールにまったく勾配の同じ階段が二つ並んで併置されているのを見かけた。しかし、利用者の利便性を考えたのか、階段を上りきったところの廊下は繋がっている。つまりどちらの階段を上っても、同じ所に到達するのである。果たして、階段は二つ必要だったのだろうか。階段を一つにして、幅員を拡げた方がよほど合理的なはずだ。階段を集約して、余ったスペースを他の用途に振り替えることもできただろう。

このような結末に陥りがちな行政のセクショナリズムを責めるのもさることながら、建築の全体像を見通すべき建築家がそれに迎合したことも問題である。せめて建築家は、発

fig90　二つの階段が並ぶ公共施設

注者の要望を具現化するプロセスを通じて、適切なアドバイスをする存在であってほしい。

縮小する社会における横断的な視点

今、日本社会は人口減少のフェイズを迎えている。これまでの歴史の中で人口が減るという状況は何度か生じているが、そのほとんどは戦乱や天災・気候変動といった外的な要因によるものである。外的な要因によらず継続的に人口が減るという、今まで体験したことのない局面である。人口が増えていく状況下では、多くの人的資源を投入して、より細かく精度を上げていくことも可能であった。しかし、当面は人口が増える気配はない。人口が減る局面では、限られた人的資源を何に割いていくかを再考しなければなるまい。一人の人間が限られた役割を演じるのではなく、いくつかの役割をまたいでいくこととなる。少なくとも、個々人が全体を見据えた、横断的な振る舞いをすることが求められよう。

ウォールデン湖のほとりでの実験的な暮らしを送った随筆家ソローは、著書『森の生活』の中で次のように語っている。

「分業というやつは、いったいどこまでいけば終わるのだろうか。他の人も私の代わりにものを考えてくれるかもしれないが、だからといって私が自分でものを考えるのをやめた方がいいということにはならない。※2」

そのように考えてくると、今私たちが直面している縮小する社会というものは、分業化・細分化社会から横断的・総合的な視点を取り戻す絶好のチャンスなのかもしれない。先述の箱をより精緻に作らんとする発想からの転換と、人口減少に基づく人々の役割の変化は、いずれも横断的なスタンスを必要とする。図らずも二一世紀の日本において、同じ

※2　『森の生活　ウォールデン』H・D・ソロー著　講談社学術文庫、一九九一年

タイミングで、それらがシンクロして求められるようになったのである。

しかし、現実には、旧態依然として、細分化された狭い分野の中での活動を欲する人たちが多い。例えば、大学という場においては、子どもの数の減少に伴って規模縮小が議論される中で、従前の基礎研究を主軸とする学問分野に固執し、さらに細分化せんとする研究者が数多く存する。設計の分野においても、構造分野や設備分野に特化した建築士資格が生まれた。結果として自らの守備範囲を限定的に捉える建築家が増えてしまった。意識レベルでのさらなる分業化が進んでいる。※3

部分において最適である解を集積させたところで、必ずしも全体の最適解に結び付くわけではない。細分化は研究者や行政にとって都合のよいことかも知れないが、行きすぎた細分化は利用者には無用である。法制度や評価システムで細かく住宅のあり方を規定しなくとも、利用者の工夫で十分カバーできる、あるいはすべきことも多い。08の冒頭で述べたように、不完全な環境であっても、それを逆手にとって住みこなしてきた歴史がある。細かく口を出してこられても、余計なお世話という部分も多々あるはずである。建築はあくまで生活や活動の基盤なのであって、研究者の実験場ではない。いくら細かく条件設定をしたところで、その通りに利用者が振る舞うとは限らない。学者は利用者に左右されないシステムの構築に走るが、そもそも条件設定が間違っていたのではないか。建築家は、学者や発注者と同じスタンスをとってはならない。

環境というインテグレーション

今、環境という言葉がいろいろな場面で重要視される。二一世紀の重要なキーワードの

※3　建設プロセスにおいても、最終的な統合者としての現場所長が横断的な視点で見る役割を果たしていた。しかし、最近は本社の購買部などと役割分担をするようになり、分業化の悪しき傾向が出つつある。

一つといってもいいだろう。建築における環境への配慮とは、決して閉じた箱の中で行われることではなく、箱とその周辺との相互関係から考えられるべきものである。したがって、箱が周囲に及ぼす影響と箱が周辺から受ける影響との相互作用を認識し、周辺との関係を一連のものとして捉える必要がある。そのためには、思考を壁の内側に閉じない、ホーリスティックで横断的な視点が不可欠である。

建築の設計を行っていくにあたっては、多くの事柄を検討しなければならない。高度化、複雑化、精緻化する社会の中で、検討すべき事項は増える一方である。検討事項の多さの中に埋もれ、建築家の視野は、狭くなりがちである。自らの守備範囲を限定しておいた方が、クリアだし、楽である。だからといって、多くの研究者のように、自分にとって都合のよい分野に限定するのはいかがなものか。ここで、あらためて、建築の設計という営みにおいて、横断的な視点をもって全体をインテグレーションしていくことの重要性を唱えておきたい。そのための重要なきっかけとなるのが、〝環境〟というキーワードなのである。

一方で、環境という言葉がアリバイづくり的に使われるようになってきたのも確かである。行政がその言葉を用いるときにはポリティカルコレクトネスの香りがするし、設計者においては最後に仕上げとして上から振りかけるトッピングのような位置付けでしかない。

今一度、さまざまなファクターを横断的に捉え、ホーリスティックな視点で考える、広義の環境建築というものを考えていきたい。総合的・横断的な意識を持ち続けることは容易ではないが、失ってはならない視点である。少なくとも建築家には、環境というキーワードをベースとして、建築・社会に対する総合的な視点を提示し続ける役割を期待したい。

Chiba City Mihama Health & Welfare Center Culture Hall

千葉市美浜文化ホール／保健福祉センター

2007年

小泉雅生／小泉アトリエ・C+A
村井建築設計共同企業体

350席と150席の性格の異なる二つの区民ホールと保健福祉機能を担う部局が、一つの建物に収められた複合建築である。それぞれの運営・管理主体は市民局スポーツ文化振興課と区役所と異なるが、利用形態が同様の諸室も多い。そこで利用主体に注目し、行政利用が主となる機能と市民利用が主体となる機能を、運営・管理主体を問わず同じフロアにまとめ、相互利用が可能な機能配置としている。年齢層の異なる利用者間の交流といった、複合建築ならではの相乗効果も期待している。

そして、二つの施設を繋ぐように水玉パターンが施されたチューブ状の空間が建物内を縦横断している。ここは、両施設の利用者がいききする人の通り道であるとともに、重力換気が行われる空気の通り道ともなっている。このチューブ状の空間はホワイエやロビーとしての機能を果たすが、部分的に外部へと突き出すような形となっており、建物内のアクティビティを屋外へと表出させ、公園側のファサードを形作っている。

A complex architecture in which two municipal halls of different characters with 350 and 150 seats and departments for health and welfare functions are housed. Each operation and management entity is different from the Citizen's Bureau of Sports Culture Promotion Division and the ward office, but there are many rooms with similar function. Therefore, paying attention to the convenience of users, the functions mainly for administrative use and the functions mainly for citizen use are separated and functions of same use are put together on the same floor regardless of the operation or management entity, so that they can be used interchangeably.

It is also expected, that synergistic effects unique to complex buildings, such as interaction between users of different age groups. A tubular space with a polka dot pattern that connects the two facilities traverses the building in lengthwise. It is the path for users of both facilities, and also the path for air where gravity ventilation is performed. This tubular space, which partially protrudes to the outside, functions as a foyer or lobby, exposing the activities inside to the outside and forming the façade on the park side.

全景

黒を基調とする350席のホール

外側に跳ね出したヴォリューム

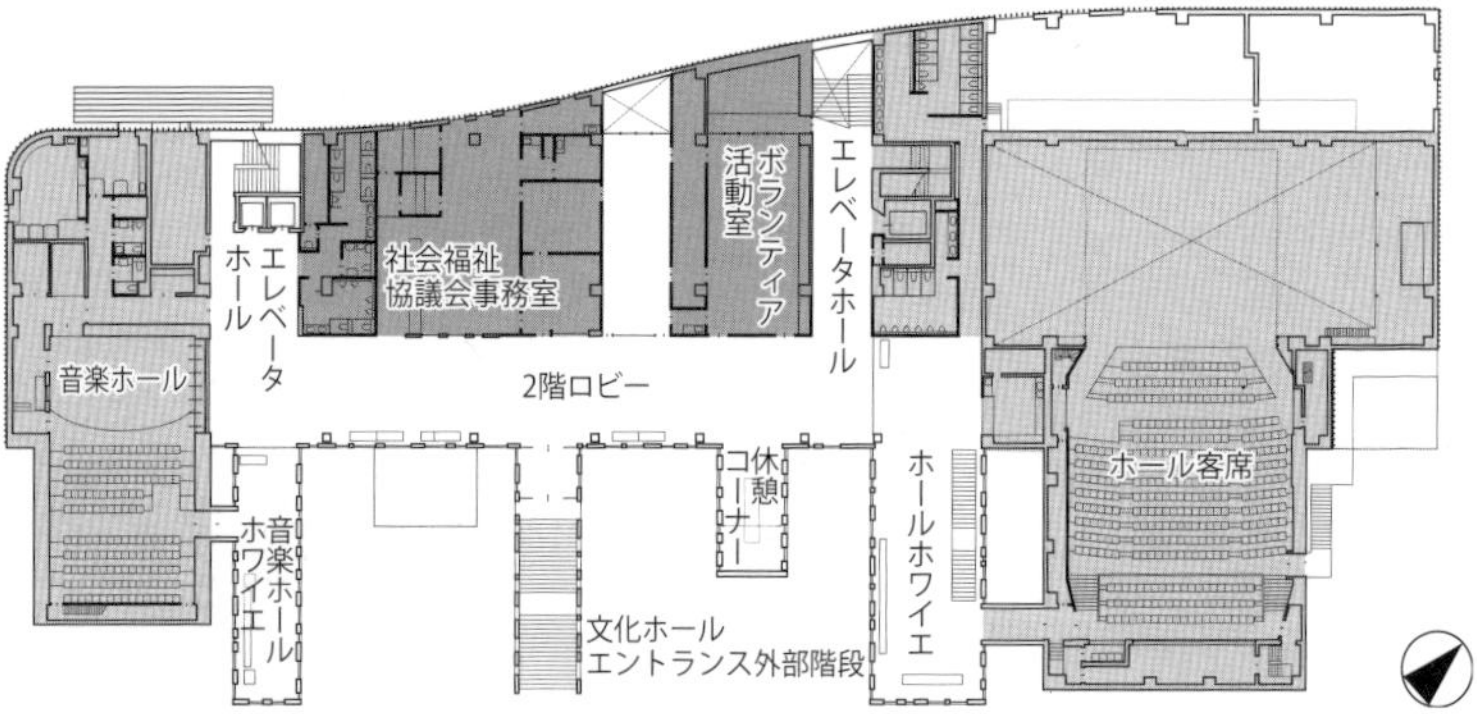

2階平面図　S=1：1,000

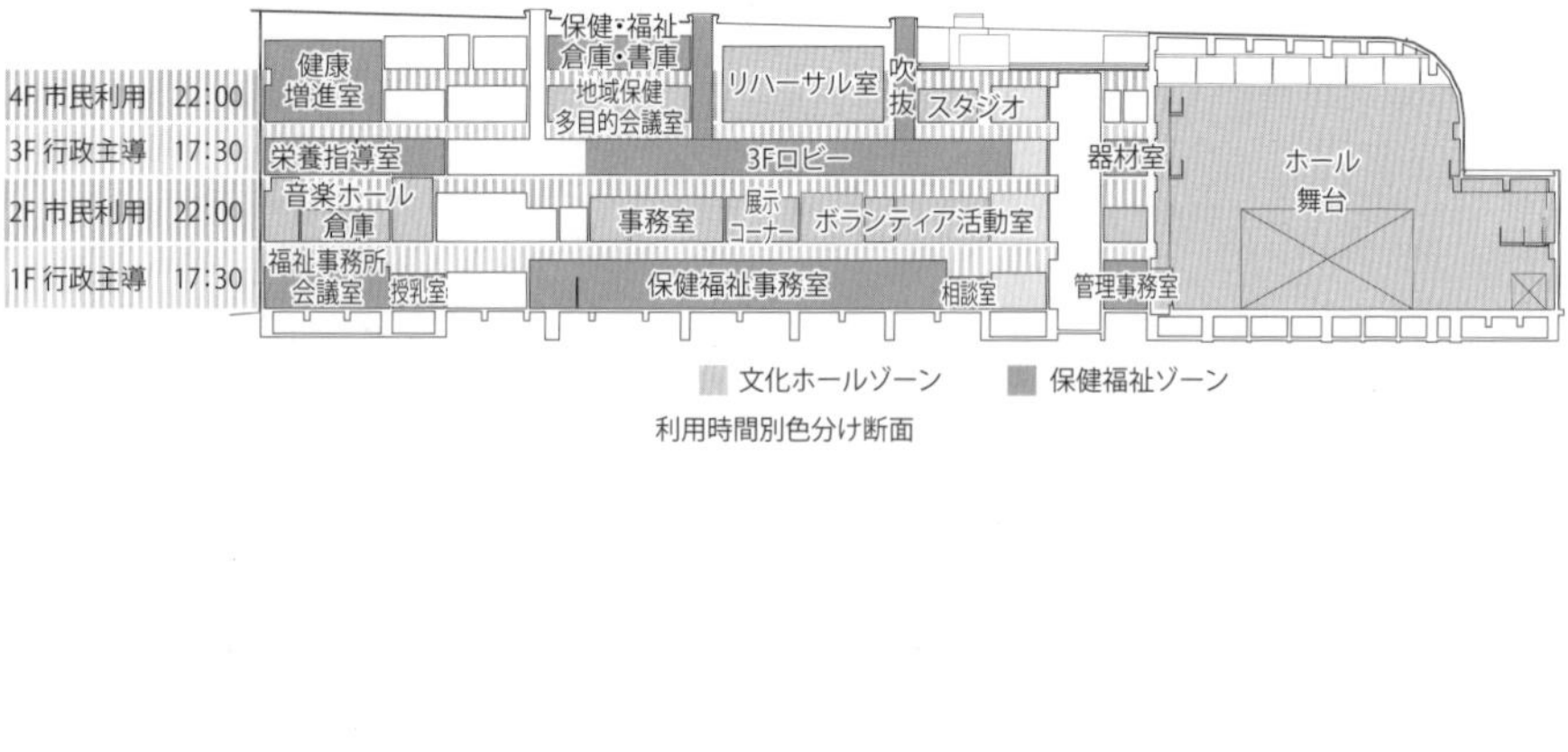

利用時間別色分け断面

ホワイエ

2 階ロビー

2 階休憩コーナー

10 ウイルスからワクチンへ

ランチョとソーシャルハウジング

南米のベネズエラの首都カラカスに、ランチョと呼ばれる貧困層の不法占拠の居住域がある。その多くは周縁の丘陵地に広がっており、斜面に張り付くように住居が折り重なっている。自己増殖したかのように無秩序に小屋が重なり合っていくさまは、伝統的な集落のようでもあるが、ランチョは都市部への人口流入によってもたらされたものであり、それほど長い歴史を持つわけではないようだ。

第二次世界大戦後、ベネズエラでは豊富な石油資源を背景に、道路の建設など、社会基盤の整備が積極的に推し進められた。都市の発展に伴い、周辺から人口が流入することとなり、人口集中による劣悪な住環境を改善すべく、ソーシャルハウジングの整備も行われた。コルビュジエの「三〇〇万人の現代都市」よろしく、オープンスペースを確保すべく高層住棟が建設されたが、その後の経済状況の悪化、不安定な政治体制から、増え続ける人口に対応できず、確保されたはずのオープンスペースは不法占拠の住宅で覆い尽くされ

fig91 カラカスのランチョ

fig92 ソーシャルハウジングとランチョ

てしまったという。

ランチョの増殖に関して、もう一つ興味深い事例がある。カラカスの中心部から二キロほど南側に行ったところに、ヘリコイデ（Helicoide）と呼ばれる建物が一九五〇年代に計画された。二〇〇×三〇〇mほどの径の丘を丸ごとショッピングセンターにするという壮大な構想で、全長四キロに及ぶランプが二重螺旋状に斜面上に設けられ、ランプ沿いに店が並び、店の前まで車を横付けできるというユニークな計画であった。しかし、完成を目前に資金難から工事が中断し、そうこうするうちに、周辺地区はランチョの波に飲み込まれ、ショッピングセンター自体も不法占拠の対象となってしまったという。その後、紆余曲折を経て、ショッピングセンターは秘密警察の本部として使われるようになり、ようやく不法占拠者は排除されたという。小さな小屋が折り重なるランチョの風景の中で、巨大な構築物は異形の存在であるが、最終的には機能という点でも対極的な異物が挿入されたのである。

小さな粒からなるランチョが広がっていく様は、シャーレの上で培養された細菌がコロニーを作って増殖していくようでもある。増殖への対策として打ち出された高層のソーシャルハウジングは、増殖を抑え込む抗生物質のような存在であったのだろうか。拡大するランチョ、それを抑えるべく投与されたソーシャルハウジング。しかし時を経るにつれランチョの勢力が増し、増殖を抑えられなくなった。そのようなせめぎ合いのなかで、究極の策として投与されたのが秘密警察という劇薬だったのだろう。

fig93　ヘリコイデ

fig94　ランチョの鳥瞰写真

道路や電気、下水といったインフラの整備に課題を残すランチョは、劣悪な居住環境といえよう。しかしその夜景は息を呑むほど美しい。街路灯や住まいから漏れ出た小さな光の粒が、緩やかな起伏斜面をなめるように広がり、上空から眺めると火山から流れ出た溶岩流のようである。通常、私たちが目にする夜景は規則的に並んだ光でできている。街路灯はまっすぐに伸びていくし、集合住宅の光は均等に整列している。対して、ランチョの夜景の光には規則性がない。道路は計画的に作られていないし、家々もアドホックに付け加えられているため、それらから漏れ出る光はランダムな配置となり、星空のような様相を呈する。人間が作り上げた人工的な夜景ではあるが、自然と見まがうような美しい風景が紡ぎ出されている。

ニュータウン

日本においても、戦後の住宅不足を補うべく、各地で丘陵地が切り開かれ「ニュータウン」が建設された。里山が造成され、田園風景は住宅地へと姿を変えた。ランチョと同じように斜面上に人々の営みが広く展開することとなったわけだが、綿密に計画された日本のニュータウンでは整然と街路灯が並び、光は均等に割り付けられ、あくまで人工的な夜景が形成されている。ランチョとは比べるべくもなく良好な住環境が担保されているが、その風景はどこかよそよそしい。美しさに感動するという類いのものではない。丘陵地を侵食しながら住宅群が広がっていくさまは、これもまた火山から流れ出た溶岩流が森林を飲み込んでいくかのようでもあるが、野山に残された傷跡は痛々しく目に映る。

先に述べたソーシャルハウジングとランチョのせめぎ合いも、このニュータウンと野山とのせめぎ合いも、計画的なものと自己増殖的なるものとのせめぎ合いといえよう。ラン

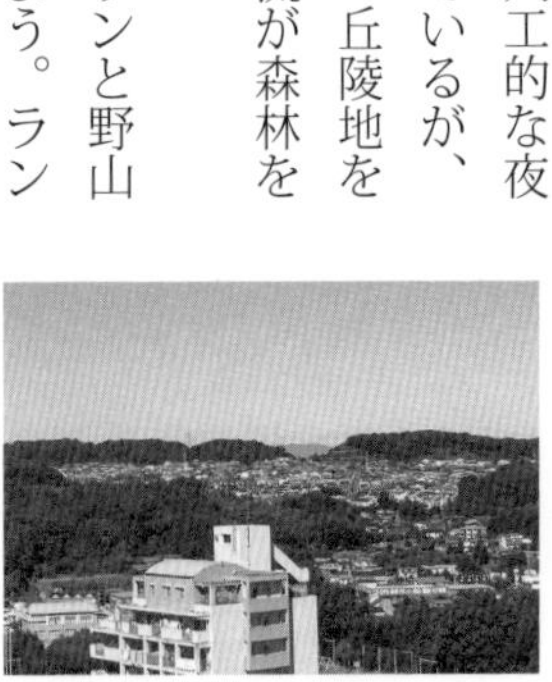

fig96　郊外のニュータウン

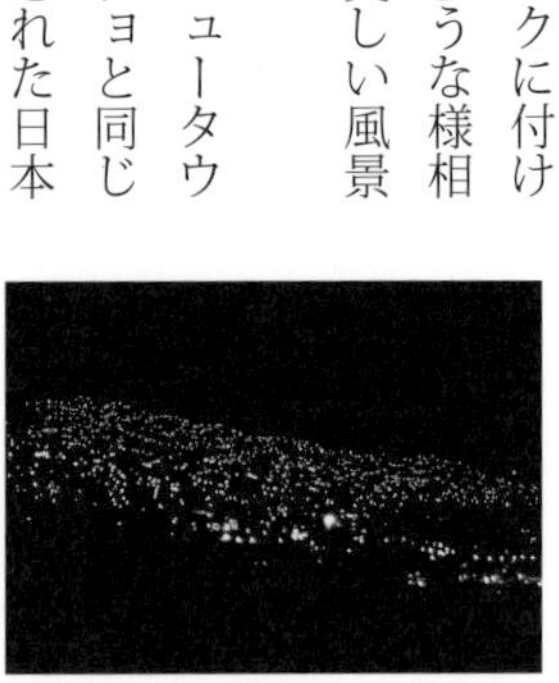

fig95　ランチョの夜景

チョでは自己増殖的なものが侵食をしていく図式であったが、ニュータウンでは逆に計画的なものが侵食していく側であった。痛々しさを感じるのは、計画的に増殖しようとするもの特有の、合理性に裏付けられているという強引さゆえだろうか。

ニュータウン開発のように、人間にとって良好な住環境を担保できたとしても、自然環境の側からみれば別の姿に映るだろう。はたして、人間の活動を増殖し、敷衍させていくことが、絶対的に正しく、目指すべき方向性といえるのだろうか。

そもそも人間が獲得せんとする快適な住環境とは、本質的に自然環境と相容れないものなのかもしれない。だとすると、人類というものは、地球というシャーレの上で、増殖しながら周囲をむしばんでいく細菌のような存在ということになる。自己増殖する細菌のような人間の活動に対して、投与される有効な抗生物質はあるのだろうか。

新型コロナウイルスという生活習慣病

二〇二〇年になったところで、COVID–19と呼ばれる新型コロナウイルスによって引き起こされる感染症が発生した。かつてより格段に人間の移動量が増えたためか、瞬く間に世界中に広まってしまった。感染を防ぐために、他者との接触を避け、密閉、密集、密接という「三密」の状態を回避することが推奨され、各国で移動の制限や都市封鎖（ロックダウン）といった対策がとられた。そのような対策がとられた背景には、私たちの日常的な生活において、長短含めて数多くの移動が繰り返されており、密度の高い都市部では意図せずとも他者との接触が増大していることがあげられよう。

思い起こせば、世界各地で都市部への人口の集中が課題となり、メガシティと呼ばれる巨大都市が出現するようになった。そういった都市の中で、ランチョのような低所得者の居住域は、概して高密で、慢性的に衛生上の課題を抱える。また、インバウンドと呼ばれる観光分野での景気浮揚が推し進められ、今まで以上に人の動きが活発化した状況にあった。密度が高く、移動が多いという、疫病の広まりやすい、新型コロナウイルスにとって都合のよい生活様式となっていたのである。

糖尿病や高血圧症など、個々人の生活習慣が発症原因に深く関与している疾患を総称して生活習慣病という。新型コロナウイルスがものすごいスピードで広範囲に広まった背景には、過剰な人や物の移動、過密な都市環境という私たちの生活習慣があったのではないか。直接の発病原因というわけではないので生活習慣病とは呼べないのかもしれないが、新型コロナウイルスの流行は現代の私たちの生活習慣に深く結びついている。生活習慣病に打ち勝つためには、対症療法的な投薬もさることながら、カロリーや塩分の摂取量のコントロールなど、ベースとなる生活そのものを変えていく必要がある。同様に、この新型コロナウイルスという生活習慣病的な病に打ち勝つためには、ワクチンの開発もさることながら、私たちの生活習慣自体を変えていく必要があるだろう。

そういった流れを受けてか、厚生労働省から「新しい生活様式」が打ち出されている。その指し示すところは、手洗いやうがい、身体的距離の確保といった基本的な生活様式から、買い物や食事、娯楽といった各場面での生活様式、テレワークなどの働き方の新しいスタイルなどであるが、本来は、生活の中での移動と密度の問題を再考すべきだろう。最終的には、建築や街のあり方、さらにいうと産業など社会の構造にまで影響は及ぶはずである。本質的な意味での新しい生活様式を定着させるのはそう簡単ではない。

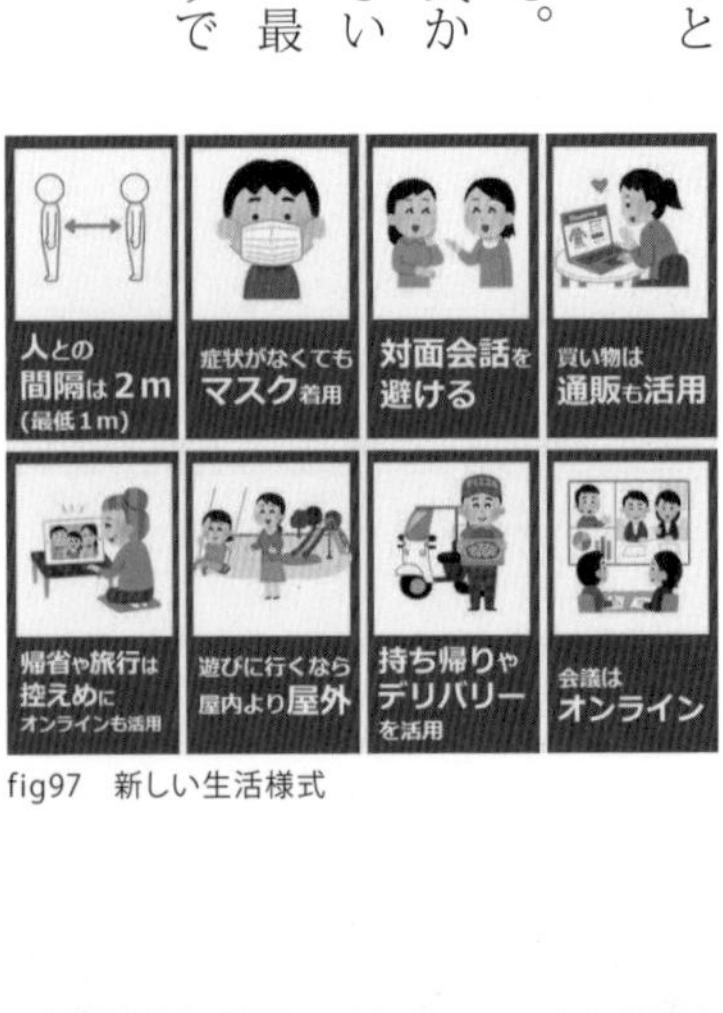

fig97　新しい生活様式

移動と密度のコントロール

私たちは、この一五〇年ほどで移動や輸送に関わる可能性を飛躍的に伸ばしてきた。二〇世紀においては何ができるかといった技術面での可能性の追求がなされてきたのに対して、二一世紀においてはその技術を利用することの妥当性が問われる状況となっている。費用対効果やエネルギー対効果を念頭に置き、燃費の向上も追求されてきたが、06で述べたように輸送されるものと輸送するものとの重量のアンバランスはそう簡単には改善されない。そう考えると、グレン・マーカットが移動量をコントロールしていたように、そもそもその移動や輸送が不可欠なものなのかどうかを疑ってみる必要があろう。さらに、高速、大量の人や物の移動を前提とした暮らし方や街のあり方も問い直されよう。

また、日本では少子高齢化による生産人口の減少、それに伴う経済規模の縮小に対して、手っ取り早く収益を上げる算段としてインバウンドが脚光を浴びたが、人の移動を前提とするインバウンドに頼り過ぎるところに無理はなかったのか。観光という非日常体験は、非日常性を担保するだけの希少性が大切だったはずである。観光客が殺到し、すべての店舗が土産物になり、一般の住民が逃げ出した街は、もはやテーマパークでしかない。社会におけるインバウンドの位置付けも再考されるべきだろう。

密度に関していえば、そのコントロールは近代の都市計画の大きなテーマだった。産業革命以降、都市部に集中する人口をどのように処理するかが問われ続けてきた。ハワードの田園都市構想や、コルビュジエの三〇〇万人の現代都市はそのような都市の高密化に対する提案であった。カラカスの高層住宅や日本のニュータウンも、これらの考え方と軌を一にする。

fig98　観光地化した街（川越）

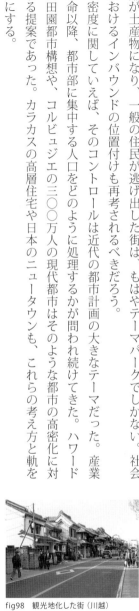

一方で、郊外へと拡散していった都市は、モビリティの発達により都市中心部の空洞化という現象を引き起こした。そこからひるがえって、まちなかに賑わい、祝祭空間を集積させ、再活性化するという動きも出てきた。いうなれば「密」をつくり出そうとする試みである。手軽に賑わいを生み出す仕掛けとしてさまざまな祭りやイベントが企画され、いまや「ハレの場」のインフレ状態とでもいうような状況となっている。ローカルな祭りだったはずの高知のよさこい祭りや徳島の阿波踊りがなぜか全国各地で繰り広げられ、ハロウィンやサンバカーニバルといった生活風習とは関係のない異国の祭りが開催される。祝祭性の意味を変容させてまで、人を集める必要があるのだろうか。

都市における密度に関して、さまざまな試行錯誤がなされてきたが、いまだ適切な解には至っていないのではないか。新しい生活様式における密度とはどういうものか、今一度考えてみる必要があるだろう。

ウイルスというワクチン

このように考えてくると、このコロナ禍は、利便性の高いモビリティを背景に、密度の高い居住域を拡張してきた人類に、再考を促しているようにも思える。私たちの生活のあり方や社会を見直せという警鐘なのではあるまいか。新型コロナウイルスによる感染症は、若年層には大きな影響を与えにくく、高齢者は重篤化しやすいという。これもまた、高齢者の比率が高い社会状況へのメッセージなのかもしれない。高齢化社会においては労働力の不足が取りざたされるが、それだけにとどまらない、リスクや無理があるということを示唆しているように思える。

かつてエイズウイルスが大きな脅威として受け止められていた頃、ある四コマ漫画で、「悪性ウイルスである人類」が地球上に出現して、地球の行く末を案ずる神々に対して、「エイズというワクチン」が有効に作用している旨の報告がなされる、というブラックジョークがあった。自虐的ではあるが、地球環境の側からみれば「人類」は地球環境の調和を乱すたちの悪いウイルスや細菌といったたぐいなのかもしれない。事実、新型コロナウイルスによる都市封鎖を受けて、活動が制限されると、排ガスが削減され、空気質が飛躍的に改善したとの報告もあった。新型コロナウイルスとは、地球を侵す人間という悪性ウイルスの活動＝増殖を抑えるワクチン、あるいは人類という悪性細菌の繁殖を抑える抗生物質であるといったら、言い過ぎだろうか。新型コロナウイルスの流行は、制御不能に増殖していく「人類」に対する、自然による浄化作用なのかもしれない。

現在、躍起となって新型コロナウイルスに有効に作用するワクチンの開発が進められている。しかし、こと地球環境への影響を考えるならば、単に人間への新型コロナウイルスの影響を抑えるワクチンを開発するだけでなく、地球に対する人類の影響を抑えるワクチンも開発されねばならないのではないか。

ＳＤＧｓという気付け薬

人類がたちの悪いウイルスだからといって、単純に撲滅されるべきだといいたいわけではない。少なくとも「弱毒化」され、地球環境と共存していく術を考えたい。ウイルスも、宿主との共存のために変異して毒性をコントロールするという。人類の方でも自省する動きが出てしかるべきだろう。その兆しととして、近年ロゴマークを様々なところで見かけるようになったＳＤＧｓというムーブメントが注目される。

二〇一五年の国連サミットにて、持続可能でよりよい世界を目指す国際目標として、ＳＤＧｓ（Sustainable Development Goals）が採択された。ＳＤＧｓでは「持続可能な開発目標」として一七のゴール、一六九のターゲットが示されている。サステナブルという文字が入っていると環境問題に特化したメッセージとして受け止められがちであるが、一七の目標には、いわゆる環境負荷の削減だけでなく、貧困、不平等や性差別の撤廃など、かなり広い範囲の項目が採り上げられている。持続可能であるためには、さまざまなレベルで「無理がない」ことが求められる。そのためには、幅広く横断的な視野が不可欠である。これまでにも環境問題など私たちの暮らしにおける課題が指摘されてきたが、図らずもコロナ禍によって、貧困や格差、健康的な生活の確保など、環境問題の他にもいろいろ無理があることが明らかになった。持続可能であるためには、それらも同時に解決していく必要があるとＳＤＧｓは主張しているのだろう。

ここで特徴的なのは、達成すべき「目標（Ｇｏａｌ）」は概念として示されるだけで、具体的な数値目標が定められているわけではない、という点である。一七のゴール、一六九のターゲットの中には、重要であることは間違いないが、本当に達成可能かと思われるような事項も含まれている。そのためか、安易にあるいは強引に数値目標を示すのではなく、理念を共有するにとどまっている。腰砕けのように見えなくもないが、その結果として立場や社会状況の異なる国々からも合意が得られやすいという側面もあろう。疫災が誰にでも平等に降りかかるように、環境問題も誰でもが共通に抱える課題である。先進国であろうと発展途上国であろうと変わらない。広く共有されることの意味はここにあるのだろう。実効性の乏しい精神論だという批判があるとしても、広く合意を得ながら進み始めた

fig99　SDGs

ことは、大きな前進といえよう。

自然の風景とマッチするがいろいろな課題を抱える自己増殖的なランチョのような開発を目指すのか、計画的ではあるが自然を侵食するかのようなニュータウン開発を目指すのか、そして人間の活動をコントロールするためには、理念を共有するだけでこと足りるのか、秘密警察のような劇薬が必要なのか、そういった問いが投げかけられている。

ＳＤＧｓというムーブメントは、少なくとも人類に対する気付け薬的な役割は果たすだろう。結果、地球環境を守るワクチン・抗生物質となり、巡り巡って増殖し続ける人類の活動への処方箋となることが期待される。コロナ禍によって本質的な新しい生活様式が打ち立てられるとすると、それはＳＤＧｓの概念に基づいたものとなるのだろう。新型コロナウイルスが地球の自浄作用なのだとすれば、それに翻弄される前に人類の自助行動を期待したいところである。

11 エピローグ

この書籍は、アトリエで実務の建築の設計を行いながら、また大学で建築設計を学生に教えながら、いろいろと考えたことを書き下ろしたものである。

そもそも、なぜ、このような本を書こうと思ったのか。今まで三〇年を超える設計活動を行ってきた。その過程でさまざまな試行をしてきたが、課題と思うことがあっても、現実的な問題の処理に追われ、なかなか思考を深めることができない。そこで、備忘録的に記していたものを、書籍のかたちにまとめようとした次第である。

〝環境〟というキーワードからスタートしつつ、そこに留まらず、自らの設計作品と重ね合わせる形で、これからの建築に関わることを幅広く取り扱うこととした。いろいろと偉そうなことを書いているくせに、おまえの設計する建築はそのようになっていないではないかと、指摘されるかも知れない。まさにその通りである。実際に設計をしていく上で、解くことのできなかった課題を、この書籍に記しているのだから。開き直るわけではないが、設計を進めていく上で感じた疑問を記し、同じ立場の建築設計者と共有することに意味があると考えている。

私の師である建築家原広司から、建築は矛盾に満ちたものである、と教えられた。原理主義に陥ってはいけない。だからといって折衷主義に安易に身を任せるのもどうかと思う。理念がなくてよいということにはならない。環境という言葉は、いろいろな場面で便利に使われている。手垢のついた言葉となりつつある。だからこそ、私なりの環境に関わる思いを書き記したものである。矛盾に満ちた、建築家の私論として、理解いただければと思う。

最後に、この執筆を思い立ってから、考えられないような時間がかかってしまった。その間辛抱強く、催促しながらも待っていただいた㈱建築技術の橋戸幹彦、央樹父子には、感謝しかない。

実は執筆に時間をかけているうちに、社会状況が変化し、新たなテーマが増え、その執筆にさらなる時間を費やすという、いわば負のスパイラルとでもいうような状況に陥りかけた。ようやく原稿が書き上がったところで、編集者との議論を通じて、「10　ウイルスからワクチンへ」を追加することとなった。永遠に執筆が続くのではと、不安に思った瞬間もある。しかし、社会状況に即したトピックが加わったことで、本書のメッセージ性は強化されたのではないかと思う。自らを正当化するわけではないが、怪我の功名といえよう。「10　ウイルスからワクチンへ」はまだ状況が見極められないなかで執筆しているので、歯切れが悪い部分も多々あるが、一読いただければ幸いである。

最後に、この書籍のベースとなる設計活動を支えてくれた小泉アトリエのスタッフ、執筆活動をサポートしてくれた家族に感謝したい。

02

プラモデル住宅

所在地：神奈川県川崎市
竣工年：1995年
建築面積：59.94 m^2
延床面積：112.16 m^2
構造：木造在来軸組工法
規模：地上2階建
用途：専用住宅

アシタノイエ

所在地：神奈川県横浜市
竣工年：2004年
建築面積：112.28 m^2
延床面積：142.39 m^2
構造：木造在来軸組工法
規模：地上2階建
用途：専用住宅

03

コトリノイエ

所在地：神奈川県逗子市
竣工年：2008年
建築面積：92.96 m^2
延床面積：92.75 m^2
構造：木造在来軸組工法
規模：地上1階建
用途：専用住宅

戸田市立芦原小学校

所在地：埼玉県戸田市
竣工年：2005年
建築面積：5,237.78 m^2
延床面積：11,245.30 m^2
構造：RC造、一部SRC造、S造
規模：地上3階建＋塔屋
用途：小学校・生涯学習施設

05

TiO_2

所在地：千葉県野田市
竣工年：2004 年
建築面積：76.92 m^2
延床面積：165.35 m^2
構造：S 造
規模：地下 1 階地上 2 階建
用途：実証実験棟

鴻巣市文化センター

所在地：埼玉県鴻巣市
竣工年：2000 年
建築面積：4,738.54 m^2
延床面積：7,949.62 m^2
構造：SRC,一部 S,一部 RC
規模：地下 1 階地上 4 階建
用途：文化センター

港南区総合庁舎

所在地：神奈川県横浜市
竣工年：2017 年
建築面積：2,812.55 m^2
延床面積：17,334.25 m^2
構造：地上／S 造一部 CFT 柱（免震構造）
地下／RC 造
規模：地下 1 階地上 8 階建
用途：区役所・消防署

04

Nomadic Life on Energy Geometry

所在地：東京都大田区
東京 2050//12 の都市ヴィジョン展
(2011 年 09 月 24 日〜10 月 2 日)

07

LCCM 住宅デモンストレーション棟

所在地：茨城県つくば市
竣工年：2011 年
建築面積：$78.21m^2$
延床面積：$142.35\ m^2$
構造：木造在来軸組工法
規模：地上 2 階建
用途：実証住宅

06

ZEH VILLAGE

建築面積：$71.92\ m^2$
延床面積：$71.92\ m^2$
構造：木造在来軸組工法
規模：地上 1 階建
用途：実証住宅（エネマネハウス 2017）

横浜市寿町健康福祉交流センター／横浜市営住宅寿町スカイハイツ

所在地：神奈川県横浜市
竣工年：2019 年
建築面積：$1{,}630.34\ m^2$
延床面積：$7{,}693.58\ m^2$
構造：RC 造
規模：地下 1 階地上 9 階建
用途：公民館・事務所・診療所・公衆浴場・共同住宅

09

千葉市美浜文化ホール／保健福祉センター

所在地：千葉県千葉市
竣工年：2007 年
建築面積：3,165.51 m^2
延床面積：8,199.88 m^2
構造：SRC 造,S 造
規模：地下 1 階地上 5 階建
用途：ホール・保健福祉センター・事務所

08

象の鼻パーク／テラス

所在地：神奈川県横浜市
竣工年：2009 年
敷地面積：3.8 ha（パーク）
延床面積：604.04 m^2（テラス）
構造：S 造
規模：地上 1 階建
用途：港湾緑地／休憩所＋公衆便所

メガタ

所在地：東京近郊
竣工年：2003 年
建築面積：92.41 m^2
延床面積：198.17 m^2
構造：S 造,RC 造
規模：地下 1 階地上 2 階建
用途：専用住宅

宇城市立豊野小中学校

所在地：熊本県宇城市
竣工年：2013 年
建築面積：4,204.76 m^2
延床面積：5,169.82 m^2
構造：木造（屋根）、RC 造一部 S 造（躯体）
規模：地上 1 階建（改築棟）、
地上 2 階建（既存棟）
用途：小学校・中学校

【転載クレジット】

fig7、10　松隈 章著コロナ・ブックス『聴竹居　藤井厚二の木造モダニズム建築』平凡社
fig11、41　Bernard Rudofsky：The Unfashionable Human Body、Doubleday & Company Inc.
fig14　花里俊廣
fig15　Fujisawa SST 協議会提供
fig21　坪井善昭、小堀徹、大泉楯、原田公明、鳴海祐幸編著『[広さ]［長さ］［高さ］の構造デザイン』建築技術
fig30　FRANZ SCHULZE：PHILIP JOHNSON LIFE AND WORK、The University of Chicago Press
fig40、65、66　こいずみ きょうこ
fig46　von Aldo Benedetti：Studio paperback Norman Foster、Verlag für Architektur Artemis Zürich
fig50、59　LCCM 住宅研究・開発委員会編『LCCM 住宅の設計手法　デモンストレーション棟を事例として』建築技術
fig58　伊藤真二
fig60　健康維持増進住宅研究委員会／健康維持増進住宅研究コンソーシアム編著『健康に暮らす住まい　9つのキーワード設計ガイドマップ』建築技術
fig70　㈱彰国社写真部
fig71　西川公朗
fig85　古澤大輔
fig86　『タワーリング・インフェルノ』ブルーレイ￥2,619（税込）／DVD￥1,572（税込）
発売元：ワーナー・ブラザース ホームエンターテイメント
販売元：NBC ユニバーサル・エンターテイメント
The Towering Inferno©1974 Warner Bros. Entertainment Inc. and Twenty Century Fox Film Corporation.
fig99　the United Nations Sustainable Development Goals web site：https://www.un.org/sustainabledevelopment/
"The content of this publication has not been approved by the United Nations and dose not reflect the views of the United Nations or its officials or Member States"

【撮影】

TiO_2：平井広行（64 頁）
鴻巣市文化センター：平井広行（71 頁、72 頁）
横浜市寿町健康福祉交流センター／
横浜市営住宅寿町スカイハイツ：大野繁（93 頁左上・下）
象の鼻パーク／テラス：金子俊男（118 頁上）、阿野太一（118 頁下、119 頁上・左下）
メガタ：平井広行（127 頁）
宇城市立豊野小中学校：大野繁（130 頁下）
千葉市美浜文化ホール／保健福祉センター：阿野太一（143 頁、144 頁、145 頁上）
他：小泉アトリエ、小泉雅生

編集協力：川尻杏子（小泉アトリエ）
図版作成協力：竹居英人・岡本晋作（東京都立大学小泉研究室）、こいずみ きょうこ

小泉雅生

Masao Koizumi

1986 年　東京大学工学部建築学科卒業
1986 年　同大学院在学中にシーラカンスを共同設立
1988 年　同大学院工学系研究科建築学専攻修士課程修了
1998 年　（株）シーラカンス・アンド・アソシエイツに改組、代表取締役
2001 年　東京都立大学大学院助教授
2005 年　小泉アトリエ設立
2010 年　東京都立大学大学院都市環境科学研究科建築学域教授,博士（工学）

主な作品と受賞歴

1997 年　「千葉市立打瀬小学校」／日本建築学会学会賞作品部門受賞
1999 年　「吉備高原小学校」／建築業協会賞（BCS 賞）受賞
2005 年　「鴻巣市文化センター（クレアこうのす）」／日本建築学会作品選奨受賞、彩の国さいたま景観賞
2004 年　「アシタノイエ」／第 2 回サステナブル住宅賞国土交通大臣賞受賞、日本建築学会作品選奨
2005 年　「戸田市立芦原小学校」／平成 20 年日本建築士会連合会賞奨励賞
2009 年　「千葉市美浜文化ホール・保健福祉センター」／第 13 回公共建築賞優秀賞
2009 年　「象の鼻パーク／テラス」／第 55 回神奈川建築コンクール優秀賞、第 22 回 AACA 賞優秀賞
2011 年　「LCCM 住宅デモンストレーション棟」
2013 年　「宇城市立豊野小中学校」／建築九州賞（作品賞）　奨励作品
2017 年　「港南区総合庁舎」／第 21 回 JIA 環境建築賞優秀賞
2019 年　「横浜市寿町健康福祉交流センター／横浜市営住宅寿町スカイハイツ」

主な著書

『変わる家族と変わる住まい』（共著）彰国社、2002 年
『リノベーション・スタディーズ』（共著）INAX 出版、2002 年
『ハウジング・フィジックス・デザイン・スタディーズ』INAX 出版、2008 年
『環境のイエ』学芸出版社、2010 年
『住宅の空間原論』（共著）彰国社、2011 年
『LCCM 住宅の設計手法：デモンストレーション棟を事例として』（共著）建築技術、2012 年
『健康に暮らす住まい 9 つのキーワード設計ガイドマップ』（共著）建築技術、2013 年
『パブリック空間の本』（共著）彰国社、2013 年
『住宅設計と環境デザイン』オーム社、2015 年
『クリマデザイン―新しい環境文化のかたち』（共著）鹿島出版会、2016 年

環境建築私論——近代建築の先へ

発行
2021年4月14日
著者
小泉雅生
発行者
橋戸幹彦
発行所
株式会社建築技術
〒101-0061
東京都千代田区神田三崎町 3-10-4 千代田ビル
TEL03-3222-5951 FAX03-3222-5957
http://www.k-gijutsu.co.jp
振替口座 00100-7-72417

造本デザイン
春井 裕（ペーパー・スタジオ）

翻訳
橋本憲一郎（rulafa）
印刷・製本
三報社印刷株式会社

ISBN978-4-7677-0168-4